教員採用試験パーフェクトガイド
「合格への道」

監修　岸上隆文・三浦一心

はじめに

本書の特徴

　すべての教員採用試験（以下、教採と略記）の対策がこの本だけでできる、日本で唯一無二の「採用試験対策の実用書」である。

　他の対策本にはない3つの内容がある。

1　最初にやることの記述⇒何から始めるかがわかる
2　書き込み式ワークシート⇒必要なこと、やるべき見通しを書き込める
3　確認チェックシート⇒力をつけるポイントを自分でチェックできる

　本書は「読み物」ではなく、合格を支える「**テキスト**」である。この本とともに合格までの道のりを描けるように設計してある。

　今までに出会ってきた3000人を超える講師や学生に対策をして、合格に導いてきた事実が詰まっている。

何から始めていいかわからない
どこまでやったらいいのかわからない
どうしたら合格できるの？

　そんな「不安」を「安心」に変える、日本で初めての実用書。

　この本で対策を進めた時、多くの人が合格をつかむだろう。

　道のりは決して平坦ではないかもしれないが、ぜひ本書とともに「合格への道」を登ってほしい。

TOSS採用試験全国事務局長　岸上隆文

本書の使い方

スタートとゴールを確認する
〜10倍効率的に学習を進めるために〜

1 まず、「自治体ごとの採用」である教採では、自治体ごとに対策が違う。自分のゴールがどこなのか、「まず何をすればいいの？」を読んで、自分のゴールを決め、必要なことを書き込んでいく。

2 次に、自分の受験自治体ごとに必要な「教科」の最初のページを見る。
教科とは筆記試験（専門・教職・一般）、小論文、書類選考、集団面接、個人面接、検査・実技（体育・音楽）・模擬授業があり、それぞれに「最初にすること」が書かれている。
筆記試験なら、書類選考なら、個人面接なら、とそれぞれのすることをまず確認し、効率的に対策を始めよう。

3 そして、本文の「ワークシート」に書き込みをしながら、対策を進めていこう。巻末には**チェックシート**がある。**時期ごとにやってあるといいこと、面接や模擬授業の練習で使える大切なポイントをまとめてあり**、一人でも複数でも対策ができる。一つずつスキルを上げていこう。

以上の3ステップで、必ず合格に近づくことができる。
今まで教採に合格してきた多くの先輩の知恵を使って合格し、楽しい教師人生を歩もう！

目　次

はじめに 2

本書の使い方 3

Chapter 0	まず何をすればいいの？	5
Chapter 1	筆記試験完全マニュアル	13
Chapter 2	小論文完全マニュアル	31
Chapter 3	書類選考（願書）完全マニュアル	63
Chapter 4	集団面接（討論）完全マニュアル	81
Chapter 5	個人面接完全マニュアル	91
Chapter 6	検査対策完全マニュアル	109
Chapter 7	実技（体育・音楽）対策完全マニュアル	113
Chapter 8	模擬授業完全マニュアル	121
Chapter 9	「情報」と「仲間」を手に入れて、さらに前に！	133

巻末　チェックシート 143

Chapter 0

まず何を
すればいいの？

　まずこの章で、ワークシートを埋めながら、自分がどこの自治体で試験を受けるのかを（仮でいいので）決めていく。

　受ける都道府県や校種によって、難易度もやることも違うからだ。

　将来どこで働くか。小、中、高、特別支援、どの校種で受験するか。自分の将来を考えて進めていこう。

教採　まず何をすればいいの？

漫然と始めないで敵（試験内容）を知ることが大切

試験勉強を効率よく始めるために、以下の2つを行いたい。

```
1　受験自治体を決める
2　試験までのビジョンをもつ
```

1　受験自治体を決める

　受かりたいのを優先するのか、住みたい所を優先するのか。どうしても地元で教員になるという理由がない限り、複数の自治体の試験を受けることも考えておきたい。早く合格したいなら他の自治体も視野に入れる必要がある。

2　試験までのビジョンをもつ

　自治体を決めたら、傾向や対策は異なる。志望自治体の試験内容をHP等で調べ、おおまかに次の5つを知ることから始める。

```
①募集人数・倍率　　　　　　　　　②自治体の求める人物像
③おおまかな日程（書類選考、1次・2次試験）④受験科目（と配点）
⑤過去3年分の問題
```

①の倍率は、20倍と3倍の自治体では対策が変わる。
②の求める人物像では、何が一番に求められているのかが明確になる。
③日程は書類選考、1次試験、2次試験の3回なのか。自治体により3次試験もある。
④受験科目と配点から、重点がわかる。筆記の配点が8割の自治体もある。
⑤過去問から出題の形式と試験のゴールが見える。

ホームページを探して次のページに書き込んでいこう

まず何をすればいいの？　ワークシート

実際に今から志望自治体を決め、ホームページで5つのことを書き込もう。

1　受験自治体、校種を決める

受験自治体　例　愛知県	校種　小学校
第1志望	校種
第2志望	校種

2　試験までのビジョンをもつ

①募集人数・倍率

平成　　　年度　　　募集人数　　　人　　　倍率　　　倍

②自治体の求める人物像

③おおまかな日程（書類選考、1次試験、2次試験）

書類提出　　　月頃
1次試験　　　月　　日頃　　　2次試験　　　月　　日頃

④受験科目（と配点）　○をする
筆記試験　（教職教養　　専門教養　　一般教養　　小論文）
面接試験　（個人面接　　集団面接　　集団討論　　模擬授業か場面指導）
その他（　　　　　　　　　　　　　　　　　　　　　）

⑤過去3年分の問題　□　（見たらチェックを入れる　□→☑）

試験までの見通しを立てる

ゴールを知り、対策を立てよう

1 教採の流れを確認する

　教採のゴールは、合格である。その道のりの中で、試験が行われる。効率よく勉強するためには、情報収集が大切だ。

2 募集要項配布から2次試験合格までの流れ（一般的）

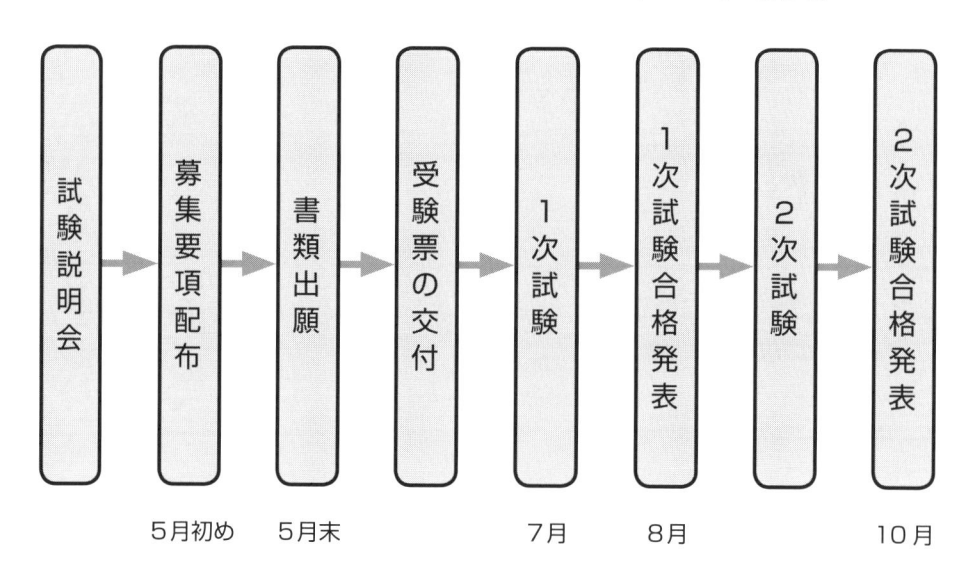

試験説明会 → 募集要項配布 → 書類出願 → 受験票の交付 → 1次試験 → 1次試験合格発表 → 2次試験 → 2次試験合格発表

　　　　　　5月初め　5月末　　　　　　　7月　　8月　　　　　10月

　試験当日までの流れを把握することで、見通しが持てるようになる。試験内容については、ホームページを参考に調べる。

3 効率よく勉強するために見通しを持つ

　効率よく勉強するためには、見通しを持つ必要がある。どの時期に何をどれだけやるのか、考えていこう。筆記試験だけではなく、やることは色々ある。（右のページも参考に）

前年の8月〜10月まで　　試験情報の把握
問題集を始める時期

10月から3月頃　　学習計画と基礎固め
- 過去問（3年分）で出題傾向を分析する
- 問題集（専門、教職、一般など）を選ぶ
- 幅広く問題を解き体系的に理解する
- 面接・小論文対策を始める
- 学習指導要領を読み理解する
- 時事問題や教育問題をこまめにチェックする
- 自己PRや理想の教師像などの自己分析をする

3月〜5月　　実力養成
- 問題集を繰り返し解き理解を深める
- ウィークポイントを補強する
- 面接、論作文の仕上げを行う

5月〜6月　　総仕上げ
- 学習の復習を行う
- 公開模擬試験（自治体別）を受ける

7月　　　　　1次試験→2次試験対策開始
8月〜9月　　2次試験
10月　　　　合格発表

合格率 80％の目安

80％合格できる目安が存在する

1 合格をつかむ確率を上げる

　TOSS教採対策では、合格率80％の目安を示している。以下の4つを行えばいい。多くの自治体で80％は合格できる。

面接	100回	
小論文	10回	合格率 80％
筆記試験　問題集	6周	
書類選考	10回	

　ただし条件がある。**力のある人に見てもらうこと**だ。
　見てもらうことで初めて欠点がわかり、改善ができる。やりっぱなしでは努力が積み重ならない。力のある人を見つけることも必要だ。

2 ゴール（合格）の先を語れる人になる

「あなたの夢は何ですか」

　教採塾や葵の対策（教採の勉強会）で、この質問をすると、多くの参加者が「教員採用試験に合格することです」と答える。私が面接官なら採用しない。すぐには難しいが採用された後を語れるようになってほしい。
　面接官は合格を目指した人ではなく、その後にどんな教師になってくれるのかを期待している。

教壇に立った後のビジョンを持つ。それを語れる人になる

　将来のビジョンは、様々である。理想の教師像を語り、それに近づく努力をし続ける。合格してからの約40年の教師人生の足跡をどのように残すのか、受験する多くの方には、考えてほしい。

先輩たちに聞きました！ 合格者体験記 その1

北海道 小学校　男性25歳　受験回数1回

★採用試験前、どんなことに不安を感じていましたか？

2次試験の「教科等指導法試験」です。学習指導要領の解説の内容を一字一句丸暗記しなくてはなりませんでした。そのため、当日ちゃんと思い出せるかが不安でした。

★採用試験勉強を、どのように進めていましたか？

集団面接

1. 近年の教育問題を新聞、文科省ホームページ、都道府県ホームページで調べる。（児童生徒の自殺、いじめ、学習評価、学力の二極化等）
2. 調べた上で、「自分にできること」「自分ならこうする」ということを面接用ノートに書く。
3. 教採を受ける他の大学生と、本番と同じ形式で集団面接の練習をする。

★教採で印象に残っているエピソードを教えてください

個人授業の終盤、面接官から「10分くらい時間が余っちゃったんだけど、何か言っておきたいことありますか？」と聞かれました。あまりに突発的な質問に動揺しましたが、用意していた1分間PRをしました。さらに終了2、3分前。面接官に「まだ時間あるんだけど、まだ何か言っておきたいことある？」と追い打ちをかけられました（笑）。これにはもう打つ手がなく、「えーと、ですね……」と困惑してしまいました。その時、面接官に忘れもしないある言葉を言われました。

「じゃあ、続きは教壇に立ってからですね」

この言葉にはどういう意味があるのだろうと思いましたが、きっとよい意味だろうと前向きに受け止めました。そして時は経ち、結果は合格。今でも自分を励ましてくれる言葉です。

Chapter 1

筆記試験
完全マニュアル

　この章は、最重要の筆記試験。
　「最初にやること」を読んだら、後は本文の枠囲いや太字だけ見て、文章は読み飛ばして構わない。
　大事なのは巻末の「筆記試験チェックシート」を埋めることだ。これが埋まれば筆記試験を正しくスタートできる。本文はそのための補足に近い。漫然と始めるのと比べて10倍は効率がいい。

筆記試験で最初にやること
試験スタートの準備を完了する5項目

　多くの自治体の1次試験では、筆記試験が実施される。筆記試験は、**基礎的な知識（学力）を見る**試験だ。

　容易に点数化でき、順位が付けやすく合否が明確に出る。

　以下に、スタート準備に大切な5項目を記す。

1　受験自治体の試験内容を確認する
2　筆記試験の出題内容（配点）を確認する
3　過去問（3年分）を確認し出題傾向をつかむ
4　専門・教職・一般等の問題集を選ぶ
5　いつ・誰と・どこで勉強をやるか、学習計画を立てる

1　受験自治体の試験内容を確認する

　愛知県など一部の自治体では、2次試験でも筆記試験がある。

2　筆記試験の出題内容（配点）を確認する

　多くの自治体では、専門教養、教職教養、一般教養を出題する。それぞれの問題数、配点は異なる。ある自治体では、専門教養の配点が高く、教職教養の配点が低い。

試験の配点は、ホームページや成績開示で公開されている（場合が多い）

　わからない場合は、前年度に受験した人、情報を持った人に聞くとよい。

3　過去問3年分を確認し、出題傾向をつかむ

　過去問題集には、出題傾向が、掲載されているものがある。出題傾向を知ると、学習の効率が大きく変わる。出題傾向に合わせて勉強のやり方を工夫できる。ただし傾向が変わる時もあり、学習内容を絞るのは慎重に考えるべきだ。

例　○○県の教職教養では、ある問題集の約3分の1は勉強しなくてすむ。

4　専門、教職、一般等の問題集を選ぶ

　問題集にはそれぞれ特徴がある。書店に行って何を買うか**迷ったらオープンセサミシリーズ（東京アカデミー編）**がお勧めだ。

　問題集がうまくできるか不安なら2つの問題集を買えばいい。同じ章の同じところを2ページずつやってみて、自分に合ったやりやすいものを選べばいい。

　人生をかけた試験に臨む。お金をかけても、力をつけられることを優先しよう。

5　学習計画を立てる

学習計画の重点
①いつやるのか　　②誰と・どこでやるのか
---

①いつやるのか
「長期目標」「短期目標」を立てるとよい。
　短期（1週間～1ヶ月）……何時間やるか
　長期（1ヶ月～1年）……問題集1周から6周
②誰と・どこでやるのか
　誰と・どこでやるのか決めれば、やることがより明確になり、強制力も働く。

問題集を始める前に知っておくべき5つのこと

教採の問題集がどんなものか特徴をつかむ

1　100点を目指す試験ではない

　筆記試験は、100点を取る試験ではない。**目安は80点（80%）である**。どの校種でも、これだけ取れれば、ほぼA評価になる。

> 問題集のすべての単元を完璧に覚える必要はない

2　問題集は順番に解かない

　筆記試験を始める時に、普通は最初から解く。ただし、小学校の専門や一般教養で最初から解くと「漢字」が出てくる。それを必死に覚えると、1ページで30分以上かかる。嫌になって問題集を開かなくなった学生が山ほどいる。

> ①自分の得意な分野や、やりやすい分野から始める
> ②とにかく、意味がわからなくてもなるべく早く1周目を終える

　得意なところから始めて、まず1周を終えることをめざす。その後、どのくらい自分が勉強をしたら合格になるのか、目安を確認することができる。

3　自分にあった問題集を選ぶ方法

①書き込み式かどうか

　自分は書き込みが得意なのか、音声での反復が得意なのか、文字を書きながら覚えるのがいいのか、などをよく考えて判断しよう。

②自分の使える時間で見る

　人によって使える時間が違う。バイト、卒業論文のある学生、講師として現場に立つ人、長い問題集を終えるのが難しいなら短いものをやってもよい。

4　時期別の問題集の選び方

①試験まで半年〜1年近くある場合

　時間がたっぷりある場合には、厚い問題集をしっかりと解いていくのがよい。特に、オープンセサミシリーズやランナーなどをしっかりと解いていくのがおすすめだ。

②受験する年の4月からの場合

　30日完成シリーズ（補完）の問題集。

　残り100日あまりになり、じっくり問題集を解くには時間が足りない。そのような人におすすめする。頻出の問題が多いため、効率よく勉強ができる。

5　その他有効な学習法

①通勤・通学でもさっと見て勉強したい場合

　ポケット〇〇シリーズを活用する。

　コンパクトにまとめられている。通勤・通学の移動時間におすすめ。

②移動時間が多い人・聞いて勉強したい人の場合

　法規などをICレコーダーやスマホに録音して聞く。頻出の法規（日本国憲法）、教育法規（教育基本法等）を短期間で覚えられる。耳で覚えるタイプの人におすすめ。

③忙しすぎて、まとまった時間に集中して勉強できない場合

　通信講座受講や、大手教員採用試験対策を受講する。数十万円はかかるが、講師をやっている方、民間企業で働いていて、自分で勉強できない人にはいい。

問題集の効果的な使い方

「最後まで終わらない」をなくすために

1　取りあえず問題集1周を終える

できない問題をそのままにして、取りあえず1周を終えよう

　すべて理解しようとすると、問題集は進まない。早く1周を終えて、その後の見通しをもつことの方が大切だ。以下の表を参考にして計画を立てよう。

問題集の理解度90％（6周終了）をイメージする

何周目	理解度	やること	目的
1周目	20%	・答えを写す程度 ・できなかった問題にチェックを付ける	・できる問題とできない問題を知る
2周目	35%	・できなかった問題を中心に解く	・できない問題を少しずつできるようにする
3周目	50%		
4周目	65%		
5周目	80%	・もう一度すべての問題を解く	・できない問題を再確認する
6周目	90%	・間違えたところだけ確認	・できなかった問題を解く

2　問題集の効果的なチェック方法

できた問題の前には斜線（＼）を、できなかった問題には（☑）をつけていく。ひと目でできた問題とできなかった問題がわかるようにする

「教育基本法」を例に進め方を示す

以下の（　　　）を埋めなさい。

1周目　答えを写す程度

> 出来た問題に＼、間違えた問題に✓を付ける。

> 教育基本法　第1条（教育の目的）
> 　教育は、（＼人格の完成　）を目指し、（✓平和で民主的な　）国家及び社会の形成者として必要な資質を備えた（✓心身ともに健康　）な国民の育成を期して行わなければならない。

2～4周目　間違えた問題（☑）を解く。できたら＼、できなかったら☑を

> 教育基本法　第1条（教育の目的）
> 　教育は、（＼人格の完成　）を目指し、＼（✓平和で民主的な　）国家及び社会の形成者として必要な資質を備えた✓（✓心身ともに健康　）な国民の育成を期して行わなければならない。

> 間違えた問題だけ解く。できた問題に＼、間違えた問題に✓を付け加えていく。

5周目　もう一度すべての問題を解く

> 教育基本法　第1条（教育の目的）
> 　教育は、＼（＼人格の完成　）を目指し、＼（✓平和で民主的な　）国家及び社会の形成者として必要な資質を備え✓（✓心身ともに健康　）な国民の育成を期して行わなければならない。

> 再度すべての問題を解く。できた問題に＼、間違えた問題に✓を付け加えていく。

6周目　過去に間違えた問題だけを解く

　ここまで来るとできない問題は限られてくる。できない問題だけ重点的に勉強していく。1周目の5分の1以下の時間で1周が終わるようになるはずだ。

学習計画の立て方

いつから始めて、どこまでやるのかを決める

1 いつ頃から勉強するか

多くの人が不安に思うところだが、

前の年の夏から始めれば十分間に合う！

卒業論文で4年生になってからは勉強できないなど、できない理由があるのなら、もっと早くコツコツ積み上げる必要がある。

以下は目安と学習計画例。参考にして自分の計画作成をしてほしい。

2 学習スタートの時期（例）

※学習計画は巻末の「学習計画チェックシート」を活用。

筆記試験	8、9月頃	過去問を見て傾向をつかむ
専門教養	10月頃から	問題集を買い勉強する 勉強開始時期は早ければ早いほどよい
教職教養	専門の隙間時間	暗記中心の内容、効率よく勉強したい
一般教養	10月頃から	小学校志望は専門教養とかぶる 苦手分野は中学・高校の薄めの問題集で勉強する
小論文	1月から3月頃	3ヶ月くらいの期間で集中して取り組む 添削を受ける
自己PR文	4月頃完成	小論文と同時進行で進める 出願書類の提出が集中する5月前に完成
面接試験	10月頃から	月1回以上、誰かに見てもらう

3 年間の学習計画（目安）

	8月	9月	10月	11月	12月	1月	2月	3月	4月	5月	6月	7月
筆記	過去問を見る		問題集、苦手分野を中心に1周目を終える						3周目終了		6周目終了	試験
小論文						週1本ペース集中的に書く			10回は書く添削を受ける			
自己PR（書類選考）						週1回書いて誰かに見てもらう			完成	出願		
面接	仲間を作る		色々な対策に出てみる 対策の勉強会を行う						面接セミナー等に参加する			

4 どこで、誰と勉強するか（例）

自分がどのような学習タイプなのか見極めていこう。

誰と（人）	どこで（場所）
一人で勉強したい	自宅・学校の教室など
周りに誰かがいる所で勉強したい	図書室・学習室、カフェなど
仲間と勉強したい	カフェ・大学など

最初の1週間の学習の進め方

勉強の進め方がわかることで効率的に

1 　3種類の問題集を進める順番と各教科の特徴は？

専門教養➡教職教養➡一般教養　の順番で行う

　最初に取りかかる教科は専門教養（小学校全科、中学英語等）だ。

　筆記試験の中で一番比重が高い。また、試験範囲も広く時間を一番割くことになる。

　教職教養は、隙間の時間に勉強するといい。基本的には法律や歴史などの暗記教科であることから、長時間暗記に取り組むよりも、隙間の時間を活用してこまめに覚えたり、チェックしたりする必要がある。

　音声で聞く、単語カードを作るのも有効だ。自分が継続してできる教材や環境を選ぶ必要がある。

　一般教養は基礎知識、小学校なら専門教養と重なるところも多いので、並行して進められる。また、自治体によって一般教養の比重が異なるので過去問などをチェックする必要がある。

2 　苦手教科の克服は？

　数学や英語など、自分が苦手な教科や単元が出て、採用試験の問題集で対応できないところがある。そこで苦手な教科を補充したい場合は以下のようにする。

中学や高校受験用の薄くて解説の丁寧な参考書を買って進める

3　最初の1週間でやること

　やることはたくさんあるが、3つのチェックシートにまとまっている。巻末の②～④のチェックシートを見てほしい。

> 巻末の、②「最初の1週間でやることチェックシート」、③「最初の1週間の進め方　目標・計画を立てよう」、④「年間の学習計画を立てようチェックシート」を埋める

　今すぐ見て、1週間で埋めてみてほしい。それで採用試験本番までの大まかな見通しが立つ。

> 1週間でやることを箇条書きで示すと以下になる
> ①過去問を見てみる。感想を書く
> ②問題集を買う
> ③問題集を解いてみる
> ④いつ誰とどこで勉強するか決める
> ⑤最初の1週間の学習計画（目標）を立てる
> ⑥年間の学習計画を立てる
> ⑦1週間の計画を見返して、2週目の計画を立てる

　⑤～⑦のサイクルをチェックシートで毎週チェックしていくことで、より効率的な学習が身につく。

効果的な過去問の活用法

まずは過去問の効果的なチェック方法

1 教採の勉強で大切なこと

ゴール（過去問）を見据えて勉強すること
過去問を活用する方法がわかるとどこまでやればいいかがわかる

　基本的なやり方は大学受験と同じ。自分の勉強スタイルに合わせて問題集を解いていく。
　それでも教採の勉強はゴールが見えにくいから漠然とした不安が高まるし、意欲が出にくい。

2 過去問の扱い方

　過去問はチェックシートに点数を記入しながら進めるといい。何度もやっていくと点数に変化が表れるはずだ。

①最初に、３年間の過去問を見る。（難易度、記述式 or 選択式か、等）
②(問題集を１周終えたら) １度目の過去問を解いて、点数を出してみる
③（３ヶ月前になったら）２度目の過去問を解いて、点数を出してみる
④（直前）何度も解く。解く順番や解く時にかける時間配分を決める

3 過去問の分析の仕方

　問題集を何周かすると、問題の傾向がより鮮明に見えてくる。
　問題集３周目以降は過去問とリンクさせて、重要単元を中心に解いていきたい。

【過去問分析チェックシート　記入例】

　巻末のチェックシート⑤に、過去問を解いた点数を、解くごとに書いていこう。点数はやるにつれて徐々に上がっていくはずだ。上がっていくように問題集の解き方や過去問の解き方を工夫していこう。

専門教養	過去問を見た感想：難しそう。書き込み式が多い。			
教職教養	過去問を見た感想：難しそう。選択問題が多い。			
一般教養	過去問を見た感想：解ける問題も多い。			
専門教養		1回目の点数	2回目の点数	3回目の点数
	過去1年	15点	30点	70点
	過去2年	35点	55点	77点
	過去3年	30点		
教職教養		1回目の点数	2回目の点数	3回目の点数
	過去1年	18点	30点	70点
	過去2年	15点	30点	70点
	過去3年			
一般教養		1回目の点数	2回目の点数	3回目の点数
	過去1年	30点	40点	60点
	過去2年	15点	30点	70点
	過去3年			

勉強に行き詰まらないためのコツ

キーワードは「仲間」・「仕組み」

1　仲間とともに勉強する

　教採の勉強は一人でやると行き詰まってしまいやすい。「教採仲間」を作ることで、モチベーションを高めたり、情報の共有ができたりする。

【仲間を作るメリット】
①教員採用試験の情報を共有できる
②筆記試験勉強で、モチベーションをあげられる
③面接対策ができ、面接官役、受験者役を両方体験できる
④小論文をお互いに見合うことができる

　仲間とは、大学の友人や講師など、誰でも構わない。今ならLINEでグループも作れる。環境がない人は筆者の運営する「TOSS採用試験全国事務局」を活用してほしい。

　TOSS採用試験全国事務局は、「ML」（メーリングリスト）を作って運営しており、全国の仲間と情報交換をしながら勉強をしていける。

　合格に向けての勉強会を全国各地で開催している。筆記試験の勉強だけを行うのではなく、多くの仲間と実際に会い、夢や目標を共有できる。

2　確認の仕組み作り

　全国の学生や講師を見ていて思うことがある。**学習状況を確認する場を持たないと筆記試験の勉強が進まない**人が多い。

> 誰でもいいから自分の学習状況をチェックしてくれる人を作る

　誰に頼めばいいかわからない人は、仲間や勉強会、インターネットの対策サイト、雑誌や塾など色々なところで探してみよう。

3　確認の仕方

　誰かに現状を発信することが大切。仲間を作ったら、勉強状況を報告しあおう。

報告例
①受験自治体・校種　　愛知県・小学校
②勉強の進み方
1　筆記　専用教養の問題集を100ページやりました。現在、問題集1
　　　　　回目の240ページまで進みました
　　　　　教職教養の問題集を100ページやりました。現在、問題集1
　　　　　回目の240ページまで進みました
　　　　　一般教養の問題集を100ページやりました。現在、問題集1
　　　　　回目の230ページまで進みました
2　面接　突破塾で4回練習しました。トータル12回練習しました
3　書類選考・小論　自己PR文　1回書きました。トータル7回目
　　　　　　　　　　論作文　1回（突破塾にて）　トータル6回目
4　その他　笑顔の練習をしました

学習の報告のポイント

| ポイント1　数値化する　→やっている量を明確に見えるようにする |
| ポイント2　全科目の発信→勉強の進み方がはっきり見える |

　巻末のチェックシートも活用しながら「自分なりの勉強法」を確立していこう。

試験3ヶ月前・1ヶ月前・直前対策

試験が近づいたら、見通しをもって行動していこう

1 3ヶ月前（4月）の過ごし方

　試験3ヶ月前は4月。新年度が始まり、講師も学生も忙しい。それでも目の前に迫った試験の準備を本格化させていこう。そのために重要なことは、

> 巻末のチェックシート⑦「3ヶ月前の過ごし方」で今の状況を振り返る
> できていないところには目を向けない。できているところを見ていく

　このシートで3ヶ月前に必要なことがすぐわかる。時期になったら見てみてほしい。できている部分とそうでない部分を見返しながら、改めて今からすべきことをしていこう。

2 3ヶ月前のポイント

この時期に大事なことは2つ。

> **書類選考（願書）の完成**
> **自己PRの仕上げ**

　書類選考（願書）の書き方が特に大切だ。これは「2次試験の面接の質問材料」になる場合も多い。
　自分が面接で聞かれたいこと、自分をアピールする材料になることを書く。
　そして、書いた文章を人に見てもらう。その時に、「この文章をもとに面接で聞きたいこと」を指摘してもらう。模擬面接をしてもらってもいい。
　その意見をもとに、文章をさらに修正していこう。

3　1ヶ月前の過ごし方

　巻末のチェックシート⑧「1ヶ月前の過ごし方」を活用しよう。この時期（6月頃）に「受験票」が届く。

> ①受験票を見て、会場までの行き方や試験当日の動きを考える
> ②当日をイメージして用意を始める　　　③人に会う

　早すぎると思うかもしれないが、後になると不安になる。早いうちに準備をして、余裕をもって試験に備えよう。筆記試験に向けて力を注ぐと、人に会わなくなる。しかし、**筆記の勉強だけしていると頭の回転は鈍る**。筆記試験や面接や小論文で力を発揮するためにも、人に会って、話をしよう。

4　1週間前・前日・当日の過ごし方

　巻末のチェックシート⑨「直前の過ごし方」を活用する。この時期のポイントは「最終確認」。

> ①リラックスして過ごす
> ②合格した時のイメージを持つ。終わった後のことを決める
> ③模擬試験をする（試験当日のシミュレーション）

　模擬試験などはするだろう。一方で硬くなりがちなので**リラックスして過ごそう**。そして当日を想像してみよう。中には不安になる人もいるかもしれない。でもそれを超えていくための試験だ。教師になったら自信をもって進めないといけない。

> 自信がなくても自信をもて！

先輩たちに聞きました！ 合格者体験記 その2

北海道 小学校 男性31歳 受験回数5回 受験時職業 常勤講師

★採用試験前、どんなことに不安を感じていましたか？

臨時採用で教壇に立っており、クラスが安定せず、採用試験の勉強どころではなかったことです。

★採用試験勉強を、どのように進めていましたか？

筆記試験

①薄めの問題集を解き、すべての問題番号にできたマークとできなかったマークを付けました。
②できなかったマークが付いたところだけ、解いていきました。
③これを繰り返し、すべての問題にできたマークを付けました。
④念のため、間違った問題は2回できたマークが付くまで解きました。

実技試験

バスケットボールのドリブルはもともとできていました。

水泳は溺れない程度にもともとできていましたので、試験前に1回、プールで泳ぎました。

ピアノは、教室に2ヶ月通ったが、うまくなりませんでした。結局独学で練習したけどやはりうまくならず。試験では、途中で弾けなくなったので、アカペラで歌いました。

★試験1週間前はどのように過ごしていましたか？

①体調管理に気をつけました。
②短い時間で点数がアップしそうな「頻出問題」を中心に勉強しました。

Chapter 2

小論文 完全マニュアル

　最初の一歩を一番踏み出しにくいのが小論文だ。この章は「すべてワークシート」になっている。順番に書き込んでいこう！　自然と書き方が身に付き、最後には書けるようになっている。苦手な人でも数回やれば必ず書けるようになる法則がある。だまされたと思って進めてほしい。

小論文で最初にすること

自治体の情報を知ることから

　小論文対策を始める前に、**まず受験自治体の試験内容を確認する**。試験の形式が違えば対策も違う。以下のワークシートに記入していこう。

小論文試験のワークシート（ホームページなどで確認し書き込もう。）
受験自治体【　　　　　　】の小論文試験内容

1　試験形式（自分の自治体の形式を入れていこう）

試験の時期　（　1次試験　・　2次試験　） 字数　（　　　　）文字　　　　時間　（　　　　　）分 課題（抽象系　　or　　読み取り系）

2　テーマ　過去問のテーマを書き出してみよう

昨年	

3　評価項目（わかれば）

4 評価基準を知ろう

採点基準や評価の観点を公開している自治体も多い。受験する自治体の評価基準を確認しよう。（以下は愛知県の例）

①教育に対する見識を持ち、現実に対する認識は適切であるか ②教育に対する意欲は十分であるか ③教師として現実に立脚した展望をもっているか ④出題の意図を的確にとらえ、論旨が一貫しているか ⑤文章表記は適切であるか	A　特に優秀 B　優秀 C　普通 D　やや不十分 E　不十分

参考：愛知県小論文の評価の観点

他にも、様々な観点により評価される。観点を知っていると見え方が変わる。

	評価の観点
文章力	・テーマに即した内容となっているか ・客観的・論理的に述べているか ・構成や論の進め方は適切か ・主張に一貫性はあるか ・論理と方策が十分に結び付いているか
人物・適性	・教師としての適性や知識はあるか ・児童・生徒をどう育てるかを中心とした考えであるか ・一般論ではなく自分自身の体験等が生かされているか
国語力	・誤字、脱字、送り仮名の誤りはないか ・原稿用紙の使い方に誤りはないか ・段落を適切に設けているか ・適切な用語が用いられているか

小論文テキスト① 名文を読み書く

よい小論文を読み、よいところを分析しよう。論文を写して型を身に付けよう

　小論文上達の第一歩は、優れた文章を読むことだ。以下の小論文は、教採でA評価を獲得した文章である。（一部修正）

問① 繰り返し読み、よいところを書き出そう

A評価小論文（900字以内）
○H26年度　試験問題（H25年夏　実施）
次のグラフは、全国の小・中・高生を対象にした「あなたは今の自分について『今の自分が好きだ』と思いますか」というアンケートの結果である。このグラフから、あなたはどのようなことを読み取るか。また、それを踏まえて、あなたは教師としてどのような教育を心がけるか。900字以内で述べよ。

今の自分が好きだ

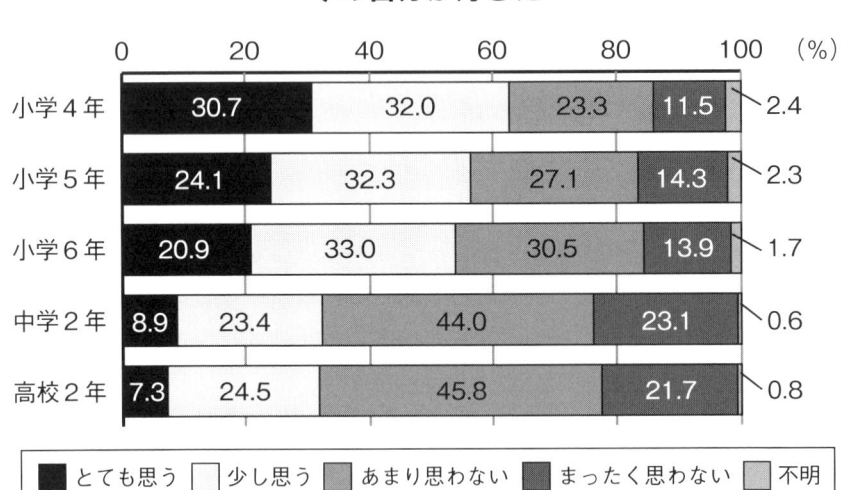

	とても思う	少し思う	あまり思わない	まったく思わない	不明
小学4年	30.7	32.0	23.3	11.5	2.4
小学5年	24.1	32.3	27.1	14.3	2.3
小学6年	20.9	33.0	30.5	13.9	1.7
中学2年	8.9	23.4	44.0	23.1	0.6
高校2年	7.3	24.5	45.8	21.7	0.8

出典：独立行政法人国立青少年教育振興機構「青少年の体験活動等と自立に関する実態調査」より

【以下Ａ評価小論文】
　資料より、「今の自分が、好きだ」と思っている児童生徒が年々減少していることが読み取れる。近年、子供たちの自己肯定感の低さが、問題視されていることの表れだと考える。私は、教師として児童の自己肯定感を高め、児童自身が自分を認められる教育を心がけていく。以下その方策を述べる。
　第一に、一人ひとりが活躍できる場をつくり、児童の自己肯定感を高めていく。キャンプボランティアの活動で、発達障害傾向にあるＡ子に出会った。Ａ子は、活動に積極的に取り組むことができず「私なんて、できないよ。」が口癖になっていた。自己肯定感の低さを感じた。ある日Ａ子を見ていると下級生の面倒をとても見ていたので、普段から『お姉さん役』を任せるようにした。最初に気になっていたあの言葉も少しずつ減り始め、徐々に活動にも取り組めるようになった。一年の終わりの活動では、「今日は、Ｂ子のお手伝いするね。」と自ら伝えてくれた。Ａ子の経験から、この取組みは、児童の自己肯定感の向上に有効だと実感したので、取り入れたい。
　第二に、ほめて認めていくサイクルで、児童の自己肯定感を高めていく。教育実習へ行った時、字を上手く書けないＢ男に出会った。彼は、線をうまくなぞることもあまりうまくできず、「僕は、いつもプリントをやり直してるんだ。」と悲しい表情を見せた。そこで、やり直しをしているＢ男に寄り添い「さっきよりも上手く書けてるよ。」と花丸をうち、Ｂ男をほめた。Ｂ男は、照れくさそうに笑った。それを毎日続けたところある朝、登校してきたＢ男が「先生。今日もがんばってやってきたよ。」とプリントを自分から見せに来た。その時のＢ男の自信いっぱいの笑顔を忘れることができない。Ｂ男の経験から、ほめて認めていくことは、有効だと考え取り入れていきたい。
　以上の経験から、児童の自己肯定感を高めて「自分が好きだ」と認められるよう支援していきたい。どんな児童も「できるようになりたい。」という気持ちをもっている。一人ひとりの児童に寄り添い、その気持ちを支えたい。すべての児童が、楽しく明るい学校生活が送れるように、日々力を尽くしていける教師になる決意である。(892字)

小論文のよいところをたくさん書き出そう。

-
-

問② 名文を写す

前ページの論文を視写しよう。(ノートに書こう)

①**資料より**、「今の自分が、好きだ」と思っている児童生徒が年々減少していることが読み取れる。近年、子どもたちの自己肯定感の低さが、問題視されていることの表れだと考える。私は、教師として児童の**「自己肯定感」**を高め、児童自身が自分を認められる教育を心がけていく。以下その方策を述べる。

②**第一に**、一人ひとりが活躍できる場をつくり、児童の自己肯定感を高めていく。キャンプボランティアの活動で、発達障害傾向にあるＡ子に出会った。Ａ子は、活動に積極的に取り組むことができず「私なんて、できないよ。」が口癖になっていた。自己肯定感の低さを感じた。ある日Ａ子を見ていると下級生の面倒をとても見ていたので、普段から『お姉さん役』を任せるようにした。最初に気になっていたあの言葉も少しずつ減り始め、徐々に活動にも取り組めるようになった。一年の終わりの活動では、「今日は、Ｂ子のお手伝いするね。」と自ら伝えてくれた。Ａ子との経験から、この取組みは、児童の自己肯定感の向上に有効だと実感したので、取り入れたい。

③**第二に**、ほめて認めていくサイクルで、児童の自己肯定感を高めていく。教育実習へ行った時、字を上手く書けないＢ男に出会った。彼は、線をうまくなぞることもあまりうまくできず、「僕は、いつもプリントをやり直してるんだ。」と悲しい表情を見せた。そこで、やり直しをしているＢ男に寄り添い「さっきよりも上手く書けてるよ。」と花丸をうち、Ｂ男をほめた。Ｂ男は、照れくさそうに笑った。それを毎日続けたところある朝、登校してきたＢ男が「先生。今日もがんばってやってきたよ。」とプリントを自分から見せに来た。その時のＢ男の自信いっぱいの笑顔を忘れることができない。Ｂ男の経験から、ほめて認めていくことは、有効だと考え取り入れていきたい。

④**以上の経験から**、児童の自己肯定感を高めて「自分が好きだ」と認められるよう支援していきたい。どんな児童も「できるようになりたい。」という気持ちをもっている。一人ひとりの児童に寄り添い、その気持ちを支えたい。すべての児童が、楽しく明るい学校生活が送れるように、日々力を尽くしていける教師になる決意である。

問③ 名文を分析しよう。構成に分けたり、キーワードに印をつけたりしよう

1　全体の構成が美しい	・序論、本論、結論が明確に区切れている ・「自己肯定感」のキーワードで文章全体が統一されている
①序論 ②本論1 ③本論2 ④結論	**①資料より、「今の自分が、好きだ」と思……** **②第一に、** 一人ひとりが活躍できる場を…… **③第二に、** ほめて認めていくサイクルで…… **④以上の経験から、** 児童の自己肯定感を高めて……

①序論 問いに正対している	・この小論文で求められていることは「資料から読み取れること」「教師としてどのような教育を心がけるか」の2つ それがしっかりと序論に入っている ・資料より読み取ったことと、キーワードとした「自己肯定感」のつながりが、わかりやすく読み手の共感を得やすい
②③本論 エピソード 2つの中身 のよさ	・本論1「一人ひとりの活躍できる場を作り……」 　本論2「ほめて認めていくサイクル」 ➡どちらも自己肯定感を高める手段として的確 　どちらも発達障害の子への対応ができることをPR
④結論	・どんな子どもに対しても、謙虚さ、熱さをもって接してくれる印象がある
その他	・明確でわかりやすいつなぎの言葉が使われている ➡「資料より」「第一に」「以上の経験から」等 ・逆に、上から目線になるようなつなぎ言葉が使われていない ➡「やはり」「このように」等 ・保護者が読んでもわかる・共感できる文章になっている

問④ 名文と同じ形で序論を書いてみよう

次のグラフは、全国の小・中・高生を対象にした「あなたは今の自分について『今の自分が好きだ』と思いますか」というアンケートの結果である。このグラフから、あなたはどのようなことを読み取るか。また、それを踏まえて、あなたは教師としてどのような教育を心がけるか。900字以内で述べよ。

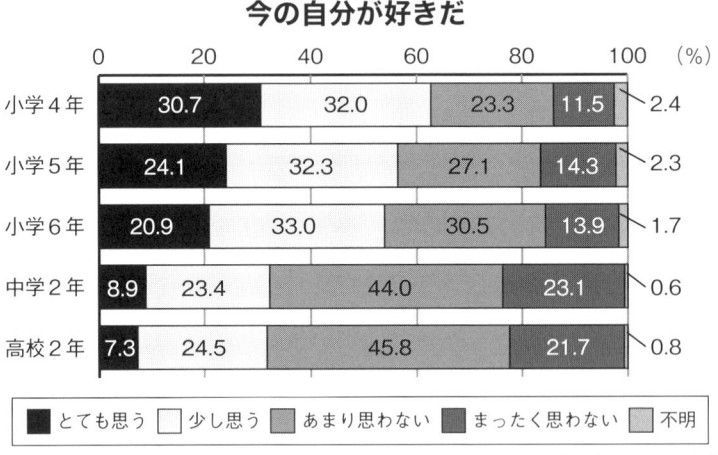

今の自分が好きだ

小学4年	30.7	32.0	23.3	11.5	2.4
小学5年	24.1	32.3	27.1	14.3	2.3
小学6年	20.9	33.0	30.5	13.9	1.7
中学2年	8.9	23.4	44.0	23.1	0.6
高校2年	7.3	24.5	45.8	21.7	0.8

■とても思う　□少し思う　■あまり思わない　■まったく思わない　■不明

出典：独立行政法人国立青少年教育振興機構「青少年の体験活動等と自立に関する実態調査」より

序論	
1．資料から読み取れること	資料より、 が読み取れる。
2．教師としてどのような教育を心がけるか	私は、教師として 教育を心がけていく。以下その方策を述べる。

小論文テキスト② 序論を書くポイント

最も難しい「書き出し」を模範例を真似しながら書いていこう

「小論文の最初に何を書いていいのかわからない」苦手な人はみんな口をそろえて言う。試験官は、序論を読んで筆者の考えを概ね把握し、本論の展開を予想しながら読む。序論で大切なことは、

設題を解釈して、解決の方向を端的に書くこと

序論を書く上で押さえるべき点は以下の2点である。

1　設題の解釈
2　解決の方向

1　設題の解釈

　設題からどのような情報を読み取ったのかを示す。設題には、試験官の意図が込められている。設題を読み込み、試験官の意図に沿った情報を読み取る。必要そうなら、その背景を書く。

2　解決の方向

　解釈を受けた上で、実際にどのように解決していくのかを具体的な取り組みとして、本論で詳しく述べていく。
　このような序論を書くための練習をいくつかやっていく。

演習①　序論（書き出し）を練習しよう

「人生は自分探しの旅である」を踏まえ、あなたがめざす教師像を述べよ。

序論の模範例

「人生は自分探しの旅である」とは、人は自分が何を為すかを探し求めることであると考える。私は大きな夢を描き、そのために努力をする。その後ろ姿を子どもに見せ続けられる教師でありたい。そのために、日々笑顔で子どもたちを迎えること、子どもに努力する姿勢を見せ続けることを大切にしていく。

構成	実際の文章
①設題の解釈	**「人生は自分探しの旅である」とは**人は自分が何を為すかを探し求めることである**と考える。**
②解決の方向	**私は**大きな夢を描き、そのために努力をする。その後ろ姿を子どもに見せ続けられる**教師でありたい。**

上の文章を利用して自分なりの序論を作ってみよう。

構成	
①設題の解釈	「人生は自分探しの旅である」とは と考える。
②解決の方向	私は （でありたい。）

演習①'

「何を学んだか、どう学んだか」この言葉を踏まえ、あなたの考えを述べよ。

模範例

　何を学んだかは学んだ中身であり、どう学んだかはその過程であると考える。私は学んだ中身よりも、どう学んだか、その過程を大切にしていく教師なりたい。そのために次の2点が大切である。1つは日々の授業の教材研究、もう1つは子どもたちに投げかける発問である。

構成	実際の文章
①設題の解釈	**何を学んだかは**学んだ中身であり、**どう学んだかは**その過程である**と考える。**
②解決の方向	私は学んだ中身よりも、どう学んだか、その過程を大切にしていく教師なりたい。

上の文章を利用して自分なりの序論を作ってみよう。

構成	
①設題の解釈	「何を学んだか」は と考える。
②解決の方向	私は （をしていく。）

本論を書くポイント

本論は経験から得た自分の学び、考え、生かし方を書く

1 面接官が読みたい本論

> 「その人にしか書けない文章」
> 「興味深い！ もっと聞きたいと思える内容」

である。子どもとの関わりの中での学びや目標への挑戦、自分だけの特殊な体験など、**自分にしか書けない文章**で勝負しよう。

2 本論の構成

> ①方策（とその具体例または実践例）
> ②まとめ（学びや生かし方）

35ページの「A評価小論文」の本論だと以下のようになる。

①第一に、一人ひとりが活躍できる場をつくり、児童の自己肯定感を高めていく。キャンプボランティアの活動で、発達障害傾向にあるA子に出会った。A子は、活動に積極的に取り組むことができず「私なんて、できないよ。」が口癖になっていた。【中略】

一年の終わりの活動では、「今日は、B子のお手伝いするね。」と自ら伝えてくれた。

②A子との経験から、この取組みは、児童の自己肯定感の向上に有効だと実感したので、取り入れたい。

よい本論を書くには

日頃から子どもとのエピソードや自分の経験（部活動など）を書き溜めておく。大学生なら大学での経験や教育実習の経験、アルバイト、卒業論文のについて書く。
　講師なら講師経験での子どもとの関わりのドラマや、他の先生保護者からの学びを中心に書く。
　社会人なら社会人として経験した他にない経験、また社会人をしていたことが教育実習や講師で生きた経験について書く。

以下に他の人に無い強みや経験、実践をできるだけ書いてみよう。
数値化して書けると、なおよい。

例）大学まで13年間ピアノをやっている。
　　海外旅行で1ヶ月インドへ行った。
　　発達障害の子と何年も関わった。
　　学級崩壊を立て直した。

①
②
③

演習②　本論を書いてみよう①

演習１のテーマ「人生は自分探しの旅である」を踏まえ、あなたがめざす教師像を述べよ。

【序論と本論　見本例】

【序論】私は大きな夢を描き、そのために努力をする。その後ろ姿を子どもに見せ続けられる教師でありたい。
　そのために、**①日々笑顔で子どもたちを迎えること**、②子どもに努力する姿勢を見せ続けることを大切にしていく。

【本論】
1. **①まず日々笑顔で子どもたちを迎えるために**、自分の心を夜のうちに整えるように努力している。

2. 講師として生活する中で、疲れていたり、元気のない時もある。そんな時でも鏡に向かって笑顔を作って寝るという習慣を半年以上行っている。また本の中で読んだ、ありがとう、嬉しい、楽しいなどの天国言葉と言われる前向きになる言葉をずっと車の中で言いながら職場に向かっている。子どもたちに「先生はいつも笑顔だね。」と言われた時とても嬉しかった。

3. 子どもは一人ひとりが様々な環境を抱えている。笑顔になれない生活を送っている子どもたちもたくさんいる。そんな子たちの笑顔を引き出すのは教師のやりがいだ。私は、子どもたちを照らす太陽のような存在であり続けたいと思う。

Chapter2　小論文完全マニュアル

演習②'

左のページを参考に、下のワークシートに「序論と本論」を書きなさい。
テーマ「人生は自分探しの旅である」を踏まえ、あなたがめざす教師像を述べよ。

【序論と本論】

【序論　課題解決の方策】
（私は）
（そのために）

【本論】
1．（まず　　　　　　　　　ために、）
2．（講師・学生・社会人の経験で、）
3．（この経験を通して）

ポイント1　自分をPRできる内容を書いているか
**　　　　2　保護者にも共感を得やすい内容か**
**　　　　3　伝えたいことが明確か**

45

演習③　本論を書いてみよう②

演習①'のテーマ「何を学んだか、どう学んだか」この言葉を踏まえ、あなたがめざす教師像を述べよ。

【序論と本論の見本例】

【序論】何を学んだかは学んだ結果であり、どう学んだかは学ぶ過程であると考える。私は結果よりも、学ぶ過程を大切にする教師になりたいと考える。
　そのために、**①子どもとの信頼関係を築いていきたい。**

【本論】
1. ①子どもとの信頼関係を築いていくために、その子と興味関心を共有することが必要だと考える。

2. 以前学習チューターで担当したＡさんは、毎日学校中を棒をもって徘徊する子だった。彼との信頼関係を築いていくために、私はまずその子と鬼ごっこをしたり、雪合戦をしたりして、一緒に遊び仲良くなるようにした。最初はぎこちなかった関係も、だんだんと自然に触れ合えることが多くなっていった。
　１年ほどしたある日、Ａさんから「先生と一緒なら教室に入ってもいい。」と言われた。担任の先生と連携を取りながら、本人と約束を決めて、理科の授業に参加をした。

3. この経験を通して、子どもが信頼をして、心を開いてくれることで、子どもの成長を支えていくことができるのを強く感じた。

演習③'

左のページを参考に、下のワークシートに「序論を本論」を書きなさい。
テーマ「何を学んだか、どう学んだか」この言葉を踏まえ、あなたがめざす教師像を述べよ。

【序論と本論】

【序論　課題解決の方策】
（私は）
（そのために）

【本論】
1．（まず　　　　　　　　　ために、）
2．（講師・学生・社会人の経験で、）
3．（この経験を通して）

ポイント1　自分をPRできる内容を書いているか
　　　　　2　保護者にも共感を得やすい内容か
　　　　　3　伝えたいことが明確か
自己点検してみよう。

構想の作り方（時間・字数配分含む）

いい文章を時間内に終える構想の練習が必要

　小論文試験は時間との戦いでもある。時間を計画的に使い、よい文章を書き上げよう。以下の表は、一例である。自分の自治体に合わせて書いてみよう。

自治体（愛知県）
試験時間60分、900字以内の場合

構成	記述事項		字数配分	時間配分
構想	全体の構成を考える（メモ）		−	8分
序論	●課題把握や背景 ●課題解決に向けた主張		150字 （2割程度）	10分
本論 （概要）	実践（エピソード等）	●具体例①	300字 （3割程度）	15分
		●具体例②	300字 （3割程度）	15分
結論	●課題解決に向けた主張 ●決意・抱負		150字 （2割程度）	7分
（見直し）	読みにくい文はないか 読みにくい文字、誤字脱字はないか		−	5分

演習④　自分の自治体の時間や文字数に合わせて、構想を作る

　自分の自治体に合わせて、「①構想」として序論、本論、結論のメモを、それぞれ1〜2行で書いてみよう。「②字数配分」と「③時間配分」も書いてみよう。

自治体　（　　　　　　　　）
試験時間（　　）分、文字数（　　　　　）文字

構成	記述事項	②字数配分	③時間配分
(①構想)	以下の序論、本論、結論で書くことを（簡単に）メモする		分
序論		字	分
本論 (概要)	実践（エピソード等）	字	分
		字	分
結論		字	分
(見直し)	読みにくい文はないか 読みにくい文字、誤字脱字はないか		分

　構想が書けるようになると小論文の全体像を見通して書けるようになる。

結論を書くポイント

結論は経験から得た自分の学び、考え、想いを書く

結論を書くポイント

　結論は、改めて設題に正対し、本論で述べてきた考えをまとめる。「ぜひ採用したい！」と思われる、想いのこもった文章で締めくくろう。

結論の構成

```
1　本論のまとめとそこからの考え・想い
2　決意
```

1　本論のまとめとそこからの考え・想い

　本論から、序論と同じキーワードを導いたり、課題解決の方策や教育に対する想いを書いたりすることで、教職への情熱をアピールする。子どもにどのような教育がしたいのか、熱く書こう。

2　決意

　述べてきた課題解決の方策を必ず実践すること、そして、子どもたちのために日々努力を続けていく、という固い決意文で締めくくる。最後の一文は、どのような内容でも使え、締まる文をあらかじめ考えておくとよい。

3　最後に謙虚さを出す場合もある

　熱い決意とともに、謙虚に周囲の人に学んでいく姿勢を書いていくことが必要な場合もある。例）「子どもたちから学びながら努力をしていきたい。」

演習⑤ 結論を書いてみよう

ワークシートに書いた序論、本論を踏まえて、結論を書いてみよう。
結論の例を読もう（35ページのA評価小論文より）

	内容	本文（2割程度：　　　字）
1	本論のまとめとそこからの考えや想い	④以上の経験から、児童の自己肯定感を高めて「自分が好きだ」と認められるよう支援していきたい。どんな児童も「できるようになりたい。」という気持ちをもっている。一人ひとりの児童に寄り添い、その気持ちを支えたい。
2	決意	（そして）すべての児童が、楽しく明るい学校生活が送れるように、日々力を尽くしていける教師になる決意である。

上の結論を参考に自分の結論を書こう

	内容	本文（2割程度：　　　字）
1	本論のまとめとそこからの考えや想い	④以上の経験から、 ～したい。
2	決意	決意である。

小論文　抽象課題対策

　抽象課題は自由度が高く、何を書けばよいのか絞りにくい場合がある。**自分が自信をもって書ける「書きたいエピソード」から逆算して**、勝負しよう。

【小論文課題】

> 「ハードル」という言葉から想起されるテーマを作り、それについて、自分自身の体験や教育観と関わらせて論述しなさい。　1000文字　60分

【ポイント】書きやすい言葉に置き換える

> ハードルとは飛び越えるべき目標と言い換えて考える。
> 私は教師として、目標に「チャレンジ」する子どもたちを支えたい。
> 以下、その方策を述べる。

➡自信を持って書けるエピソードにつなげていく。

【例文全文】

> 　ハードルとは飛び越えるべき目標と言い換えて考える。私は教師として、目標に「チャレンジ」する子どもたちを支えたい。以下、その方策を述べる。
> 　第一に、できたことをほめて自信につなげ、チャレンジする心を育んでいく。学習指導塾で教えている生徒に、成績が上がらず悩んでいるA児がいた。地道に学習する姿を見ていた私は「地道に勉強することは素晴らし

いことだよ。すごいね。」と声をかけた。Ａ児の不安げな表情から笑顔がこぼれた。授業の真面目な態度や宿題への丁寧な取組みなど良い所をほめ続けた。授業前後の予習、復習が習慣となった。「〇〇点取りたい」と自ら言うようになっていた。試験の結果報告の日、Ａ児は「過去最高点が取れました」と満面の笑顔で話した。私も嬉しさが込み上げ、握手をして喜んだ。Ａ児の経験から、チャレンジする心を育むには、できたことをほめ続けることが大切だと学んだ。できたことをほめて自信につなげることで、目標に向かってチャレンジできる心を育みたい。

　第二に、一人ひとりが活躍できる場を作り、チャレンジする心を育んでいく。小学校の指導補助ボランティアで参加したバスケットボール部が練習試合を行った。力を発揮できず惨敗した。全員が悔し涙を流す中、特に落ち込むＢ児がいた。Ｂ児の消極的なプレーがきっかけで失点したからだった。Ｂ児は練習の様子から、もっと積極的なプレーができると考えた。監督や選手と相談し、Ｂ児を中心に攻める作戦を提案した。Ｂ児は「私には無理」と不安をもらした。何度も励まし練習を重ね、失敗を恐れない積極的な攻撃が増えていった。公式戦で再び練習試合の相手校と対戦した。今度はＢ児の活躍で勝利した。Ｂ児の嬉し涙を見て、私も涙があふれた。Ｂ児との経験から、チャレンジする心を育むには、一人ひとりが活躍できる場を作ることが大切だと学んだ。活躍できる役割を与え、目標に向かってチャレンジできる心を育みたい。

　以上のように、目標に「チャレンジ」する子どもたちを支えられる教師を目指す。「チャレンジ」は成長の糧になると実感できる指導を実践したい。子どもたちが恐れず「チャレンジ」し成長できる環境を作るため、日々力を尽くしていける教師になる決意である。（918字）

　この小論文を読んでみて、最初に出てきたＡ評価小論文と「まったく同じ構成で書かれている」ことがわかるだろう。もちろん、よりたくさんの書き方のパターンを持っている方がよい。自分なりのパターンを蓄積して、テーマにあった小論文を書いていこう。

小論文を書く時に知っておくといい知識

小論文の基礎知識を読んで身につけよう

1　小論文は、暗記科目

「必要なもの」と「書き方」を身につけて書いてみよう。

　小論文上達に必要なもの3つ紹介する。

---

①手本となる**小論文**

②集中して書ける**場所と時間**

③添削してくれる**指導者**

---

①手本となる**小論文**

　受験自治体の合格者の小論文を手に入れられたら一番いい。そうでなくても合格者が書いた文章や、他自治体で高評価を受けた文章を手本にするといい。

②集中して書ける**場所と時間**

　自宅や、ファミレス、コーヒーショップなど「ここなら集中できる！」という場所と時間を見つけて書いてみよう。一回やれば後はうまくなるだけだ。

③添削してくれる**指導者**

「この人に添削してもらえば必ず力がつく」という人を見つけよう。管理職や予備校の講師、教授など信頼できる指導者を見つけ、指導を受けるのが一番伸びる。

　見つからない場合にも、とりあえず書いて、身近な人に見てもらおう。

2　高評価小論文を書くための7つのポイント

以下の7つのポイントができると減点が減る。

①丁寧に書く
②誤字脱字をなくす
③原稿用紙を正しく使う
④常体と敬体を混同させない
⑤主語と述語を呼応させる
⑥「5W1H+do」を使って具体的に書く
⑦一文を50字以下にする

①丁寧に書く

　字を書く機会が多い教員にとって、読み手が読みやすい、丁寧な字を書けることは大切な資質である。普段から丁寧に字を書く習慣をしよう。

②誤字脱字をなくす

　誤字脱字は、それだけで減点される。実際に「手で書く」練習を繰り返す、他の人に読んでもらうなどの練習を繰り返し、ミスを減らそう。

〇書き間違えやすい漢字

〇	×	〇	×	〇	×
連**帯**感	連**体**感	成**績**	成**積**	**弊**害	**幣**害
独**創**的	独**想**的	一**緒**	一**諸**	真**偽**	真**疑**
専**門**	専**問**	最**小**限	最**少**限	**妨**害	**防**害
講**義**	講**議**	感**慨**	感**概**	**忙**しい	**急**がしい

○気をつけたい略字

○	×	○	×
年**齢**	年**令**	十**歳**	十**才**

○気をつけたい重複表現

○	×	○	×
尽力する、力を尽くす	尽力を尽くす	**最初に**	一番最初に
予測する	あらかじめ予測する	**初めに**	まず初めに
後悔する	後で後悔する	**現在**	今現在
追い込み	最後の追い込み	**現状**	今の現状

○学習指導要領解説・総則編で仮名書きにするべき言葉

育む→**はぐくむ**	益々→**ますます**
始め→**はじめ**	子供達→**子どもたち**
良く→**よく**	共に→**ともに**
従って→**したがって**	又→**また**

○小論文で的確に使いたい教育関係専門用語

小学生→**児童**	勉強→**学習**
中学生・高校生→**生徒**	理解してもらう→理解を**促す**
父兄→**保護者**	教えてしてあげる→**指導する**

③原稿用紙を正しく使う

　原稿用紙の使い方について、子どもたちに指導する教師が間違うといったことがあってはならない。最低限の使い方について、改めて確認しておこう。

(ⅰ) ○ → 段落の初めは一マス空ける	×
つまり教	つまり教育

(ⅱ) ○ → 句読点やカッコは行頭の一マスに書かない	×
A児に対し	、A児に対
私はその時、	私はその時

(ⅲ) ○ → 小さい字は行頭でも一マス使う	×
っ子どもにの	と子どもにもっ
と多くの言	多くの言

④常体と敬体を混同させない

　文章の文末表現には、「～だ」「である」とする『常体』と、「～です」「～ます」とする『敬体』がある。どちらでもよいので、混在させないよう注意する。

⑤主語と述語を対応させる

　「**私は**……だと**考える**」のように、主従関係を明確にして呼応させる。一文が長いと呼応関係が乱れやすくなる。**主語と述語を近づけ**て間違いを防ぐ。
　「○○**たり**△△**たり**」など、呼応関係を持つ表現にも注意をして書き上げよう。

⑥「5W1H+do」を使って具体的に書く

　小論文は一般論や抽象的な表現が多くなりやすい。それでは「自分」の実践や考えは伝わらない。5W1H+do を使って具体的に書き、魅力を表現しよう。

5W1H+do	意味	例
When	いつ	「掃除の時間」
Where	どこで	「教室で」
Who	誰が・誰に	「教師が」「A児に」
What	なにが・なにを	「ハナマルが」「ハナマルを」
Why	なぜ	「掃除をしていたから」
How	どのように	「隅々まで丁寧に」
Do	する	「ほめる」

例文：「掃除の時間の教室で、隅々まで丁寧に掃除をするA児の姿を見た。A児のノートに大きなハナマルを書いてほめた。」

⑦一文を50字以下にする

　一文が長い文章は読みづらい。特に大量に小論文を読む試験官は疲れる。読みやすい文の長さとは**50字以下**である。A評価小論文を分析したら、文の文字数は図のようになった。高評価を獲得するためには、端的に伝えたいことを表現することが重要だ。

A評価小論文の字数

	小論文1	小論文2	小論文3
一文当たり平均字数	**50字**	**37字**	**40字**

	小論文1	小論文2	小論文3
構成	10~19字：0文 20~29字：1文 30~39字：3文 40~49字：2文 50~59字：6文 60~69字：2文 70字以上：1文	10~19字：3文 20~29字：4文 30~39字：5文 40~49字：8文 50~59字：4文 60~69字：0文 70字以上：0文	10~19字：1文 20~29字：6文 30~39字：6文 40~49字：3文 50~59字：3文 60~69字：1文 70字以上：2文
合計	15文	24文	22文

また、読点「、」を20字に一つ程度打つとリズムが取りやすく、読みやすい文章となることもわかった。

小論文はこのように「誰でもできる知識」を使っていくことが大切になる。

チェック
自分で書いた小論文でできていたら□に✓を入れよう

7つのポイント	□ ①丁寧に書く
	□ ②誤字脱字をなくす
	□ ③原稿用紙を正しく使う
	□ ④常体と敬体を混同させない
	□ ⑤主語と述語を呼応させる
	□ ⑥「5W1H+do」を使って具体的に書く
	□ ⑦一文を50字以下にする

小論文の素朴な疑問 QA

素朴な疑問 1
Q：小論文に気持ちが向きません。不安ですが、何から始めるべきですか？
A：**この本のテキストで序論だけ書いてください**。15分でできます。写せばいいのです。最初の書き出しの方法をいくつか身につければまったく書けない現象はすぐに解消されます。不安もなくなります。一番苦しいスタートの一歩を今すぐにやってみてください。

素朴な疑問 2
Q：小論文を書く練習は、どれくらいすればよいですか。
A：**最低 10 回は書きましょう**。その際に大切なのは、書きっぱなしにするのではなく、**力のある人に毎回添削してもらうこと**です。何度も添削してもらううちに、文章力が必ずつきます。

素朴な疑問 3
Q：小論文の練習は、長い期間をかけて少しずつ行った方がよいですか。それとも短期集中で行った方がよいですか。
A：ずばり、**短期集中で行った方が向上します**。1～3ヶ月をめどに、一気に何度も書いて、高いレベルまでのぼり、後はそれを維持しましょう。

素朴な疑問 4
Q：色々な方にアドバイスをされ、迷ってしまいます。どうしたらいいですか？
A：**「自分はこの人に付いていく」という人を確定**させましょう。

Chapter2　小論文完全マニュアル

素朴な疑問5
Q：教員採用試験の小論文は、起承転結の4段型と序論本論結論の3段型、どちらで書くのがよいですか。
A：**序論本論結論の3段型がよい**です。話を盛り上げ、楽しませる文章を書く場合は4段型が適していますが、教員採用試験の小論文は、主張が伝わりやすい3段型が適しています。

素朴な疑問6
Q：試験本番で本論に書くエピソードは、何本用意しておけばよいですか。
A：**最低2本は用意**しましょう。3、4本用意して、テーマや伝えたいことに合わせて選択できるようになっているのが理想です。

素朴な疑問7
Q：時間内に終わらないのですが、どうしたらいいですか？
A：**早く書ききる経験を何度かする**ことが大切です。一度書いた同じテーマでいいので何度か時間内に書けた経験を積むと、時間感覚がつかめてきます。

素朴な疑問8
Q：最後10分の見直しで脱字を見つけました。全部を直す時間はありません。どうすればいいですか？
A：可能ならば、平仮名を漢字に直したり、枠に収まるようになんとか調整します。それも無理なら、二重線で消したりすることもあります。短文で改行があれば、このような時も対処がしやすいですね。

先輩たちに聞きました！　合格者体験記　その３

沖縄県 高校 数学　男性24歳　受験回数2回

★採用試験前、どんなことに不安を感じていましたか？

　筆記試験は特に不安は感じていなかったが、私は非常勤や講師の経験がこれまでにないので、２次試験の模擬授業・小論文・面接で結果が残せるかが不安でした。

★採用試験勉強を、どのように進めていましたか？

面接試験

　面接は実際に声に出して練習することが大切です。頭の中でイメージできていても実際に声に出してみると、口ごもったり、嚙んでしまったり、早口になってしまったり全然うまくいきませんでした。私は、自信のない質問をされた時に、声が小さくなってしまい自信のなさを露呈してしまうことがありました。自信がなくても自信があるように振る舞えるように何回も何回も練習しました。

模擬授業

　模擬授業は練習で場数を踏んで慣れることが大切です。私は現場での経験がないので模擬授業に一番不安を抱えていました。試験本番までに友人と集まって、何度も何度も模擬授業を見せ合い、ビデオカメラで録画して分析し、お互いのよさや改善点を指摘し合いました。最初のうちは恥ずかしさもありますが、とにかく自分の殻を破ってなりきるとよいです。模擬授業の内容は試験直前にしか発表されません。十分に対策をしていた範囲からの出題かもしれませんし、あまり対策していなかった範囲からの出題かもしれません。本番ではどのような課題が出題されたとしても、とにかくやらないといけません。練習の時から、他人に授業の課題を作ってもらい、その課題を見てすぐ授業を行うというように、アドリブで授業をやる訓練を何回もやるとよいです。

Chapter 3

書類選考（願書）完全マニュアル

　書類選考（願書）は深く考えることなく書きがちだ。コツを知っているか知らないかで評価は大きく分かれる。この章もワークシートになっている。どんどん書いて進めていこう。

　最後に、実際の「合格者の願書」（一部修正）を載せた。

　最も自分がPRできる最高の願書を作ろう。

書類選考（願書）で最初にすること

最低限の知識を身につけて、すぐに書こう

1 書類選考用紙に求められるのは

①面接官が見やすく、わかりやすく、質問をしたくなるように作る
②コピーを取って、個人面接対策に使い、さらに修正をかける

2 書き進め方

以下の手順で進める。

①書類選考用紙（願書）のダウンロード
②とりあえず書いてみる
③技術を知り、書き直す（文字を美しく見せる・写真を美しく見せる等）

①書類選考用紙（願書）をダウンロードする

「願書」は毎年5月頃、教育委員会のホームページからダウンロードすることができる。また、県庁や市役所でもらえる。受験する校種や枠によって形式が異なるので、不備がないようにする。

②書類を書いてみる

書いてみると、埋まらないところや、どう書いたらいいのかわからないところが出てくる。それをその都度誰かに聞いてとりあえずすべて埋める。

③技術を知る１（文字を美しく見せる）

　とりあえず埋められたら、次は美しく見せるための工夫を知る。大手の塾では当たり前に教えている技術だが知らない人が多い。

　１）ペンを使い分ける
　２）囲みをきれいな○で囲む

- 太（およそ1.0ミリ）　太くて見えやすい、大きな文字を書く際に使用。
- 中（およそ0.7ミリ）　通常の文字に使用。
- 細（およそ0.3ミリ）　細かな字を書く必要がある際に使用。

　字を書く時は大きめに書くことが鉄則。
　囲む時は、定規を使ってきれいに囲む。見る人への配慮と心配りをする。

③技術を知る２（写真を美しく見せる）

願書に貼る写真を専門店で撮ってもらう

　願書の写真は、印象を大きく変える。写真館でプロに撮ってもらいたい。その際、以下のことに気を付ける。
１）髪型は爽やかな印象を与えるものに。
　・前髪は眉毛にかからないようにする。整髪料を使わない。
２）服のシワに気を遣う。
　・スーツやＹシャツは新品、もしくはクリーニングに出したものを着る。
３）明るい笑顔
　・疲れている場合、前日は休養をとり、リフレッシュした状態で撮る。

書類選考の自己PR文を書こう

書類選考用紙テキストで書こう

1　書類選考用紙（願書）に書く内容

　書類選考用紙には必ず自己PR欄がある。その自己PRをよりよいものにしていくために、まず優れた自己PRを知り分析しよう。

2　よい自己PR分析

　以下は書類選考用紙の一部（自己PR）である。読んで後の問いに答えなさい。

- 放課後子ども教室に3年間通い、小学6年生から中学3年生までおよそ30人に勉強を教えた。
- ピアノを5歳から習い始め、以来17年間続けている。
- 長期休暇を利用して30日間インドへ旅行をした。世界遺産を巡り、現地の生活に触れた。

問1　この中の、優れたポイントを3つ書きなさい。

---

①
②
③

正解は右のページ①②③にあります。

①具体的な数値が使われている

「3年間」「30人」など具体的な数値が入ると、ぐっとイメージしやすい。長い期間、続けていることや、大人数を相手に行ったことはインパクトが強く、より印象に残る。

②箇条書きで書かれている

内容量が少なく、枠だけのPRは、箇条書きの方がよい。面接官が見て質問をしやすいからだ。

③別の観点の内容が書かれている

3つの文章は、それぞれ「ボランティア活動」「習い事」「趣味」の観点から書かれている。試験官ごとに興味も違うので、多様な観点から書くことで質問をしたくなる可能性が高くなる。

問2　自分が書けそうなことを探す

以下に自分をPRできそうなことをできるだけたくさん書こう。

①
②
③
④

問3　上のPRできそうなことの中から、一番伝えたいことを赤で、自分が面接官ならば興味をもちそうなテーマを青で囲む。

実際に詳しく書いてみよう

自己PRワークシート

　　前ページで書いた自己PRできそうなことを項目ごとに詳しく書いていこう。(書ける部分だけを詳しく書けばいい)

1　持っている資格と、取った時のエピソード

　(例) 漢字検定○級　書道○段

2　コンクールや部活動の成績と、取った時のエピソード

　(例) 全国高校サッカー選手権大会　県準優勝

3　習い事や趣味と、続けていて得たこと

　(例) ピアノを○年間習っていた。

4　ボランティア活動への取り組みと、そこから得たこと

（例）子どもキャンプで30人の子どもたちと1週間共に生活をした。

```
┌─────────────────────────────────────────────────────────┐
│                                                         │
│                                                         │
│                                                         │
│                                                         │
└─────────────────────────────────────────────────────────┘
```

　受験の条件にボランティア活動への参加を義務付ける大学があるほど、近年重要視されている項目。何もなければ子どもとの体験や実践を書いた方がいい。

5　その他、他人がしていない経験（子どもとの体験や実践や海外旅行等）

```
┌─────────────────────────────────────────────────────────┐
│ 小学校時代                                              │
│                                                         │
│ 中学校時代                                              │
│                                                         │
│ 高校時代                                                │
│                                                         │
│ 大学時代                                                │
└─────────────────────────────────────────────────────────┘
```

　長期間の海外旅行やホームステイ、趣味などが挙げられる。100人単位で書類に目を通す試験官の興味をひき、印象に残りやすいものを選んでいく。

自己PRを使った質問を予想しよう

1　自己PRの内容を質問されることは大きなプラス

自己PRに書いたことが2次試験の面接で質問されることが多い

そのために自己PRや願書のコピーを必ず取っておく

予め対策ができるし、自信のある内容だからだ。いきいきと答えられるよう、ある程度どのような質問かを予想しておきたい。

2　質問に答える

問　質問に答えて下の枠を埋めなさい（73ページの答え方のポイント参照）

　持っている資格について。取得した資格を、どのように学校現場で生かしますか。

```
```

（資格を）取得する上で、どのような苦労がありましたか。

```
```

コンクールや部活動の成績でよい成績を収めることができた要因は何ですか。

大会に出場するにあたり、どのような努力をしましたか。

大会の中で、印象に残っていることは何ですか。

その経験を、どのように学校現場で生かしますか。

続けることができた要因は何ですか。

あなたがボランティアをして勉強になったと感じたことは何ですか。

（大学時代の経験で）思い出に残っていることを話してください。

（ボランティアの）活動に参加しようと思った理由は何ですか。

3　答え方のポイント

①マイナスはプラスに転換させよ

（例）
質問：サッカーで全国大会に出場するにあたり、どんな苦労がありましたか。
答え：相手に走り負けないようにするため、練習量が増えました。辛くて逃げ出したい気持ちをこらえて、仲間と励まし合いながら全力を出し切りました。

---

②学校現場でどう生かすか、努力の筋道を語る

（例）
質問：オーケストラに所属していたことを、どう学校現場で生かしますか。
答え：才能や得意・不得意に関係なく、繰り返し練習することで上達することを子どもたちに伝えます。

---

③基本は端的に。しかし、思い出や印象に残っていることを聞かれたら熱く

（例）
質問：子どもたちとのキャンプで、印象に残っていることを教えてください。
答え：一番印象に残っていることは、子どもの寝顔です。とてもやんちゃで、こちらの言うことをあまり聞かないような子がいました。しかし、隣で寝ていると他の子どもたちと同じ、かわいい寝顔をしていました。次の日は、ちょっとだけあたたかな対応ができた気がしました。学術だけでなく、その子の色々な姿を知ることは、子どもを育てる上で大切だと感じています。

書類選考用紙を書こう
長い文章形式の書類選考用紙の場合

テーマが決まっており、文章で自己PR文を書くパターンについて扱う。まずは、次の文章を読んでほしい。

共に支えあい、学びあう子どもたちを支える教師でありたい。

持ち上げで六学年を担任した。卒業文集で一組はどんな学級かという質問で「笑顔が絶えない楽しい学級」が、ダントツの一位だった。困っている子がいると、みんなで助けようと行動できる学級だった。それが一番表れた出来事があった。

不登校傾向のＡ君がいた。Ａ君は「学校へ行きたい」という思いが強かった。その思いに応えたい。私は「毎朝、迎えに行く」と約束した。何日も何日も家から出てこられない日が続いた。それでも、毎朝家の前で待っていた。徐々にではあるが、一緒に登校できる日が増えていった。また、子どもたちがＡ君を学級の仲間として支えてくれた。少し遅れて登校するＡ君に声をかけたり、休み時間に誘って一緒に遊んだりしてくれた。一年近く経ち、Ａ君は一人で登校するようになった。

卒業三ヶ月前、子どもたちと別れることになった。Ａ君が「〇〇先生は、いつも僕たちのことを考えてくれていました。本当にありがとうございました。」と話してくれた。涙が止まらなかった。「ありがとう」感謝の気持ちでいっぱいだった。子どもたちと一緒に卒業式を迎えたかった。

正式採用であれば、別れることはなかった。

来年度、採用試験に合格し、教壇に立ち、子どもたちの卒業する姿を見たい。

この文章のよいところをできるだけたくさん書こう。

```
┌─────────────────────────────────────────────┐
│                                             │
│                                             │
│                                             │
│                                             │
│                                             │
└─────────────────────────────────────────────┘
```

（起）共に支えあい、学びあう子どもたちを支える教師でありたい。
（書き出しが端的に書かれている。自治体が求める教師像に沿っている）
　持ち上げで六学年を担任した。……それが一番表れた出来事があった。
（一文が短いので読みやすい。また、良い学級経営をしているPRになっている）
（承）不登校傾向のA君がいた。……一緒に登校できる日が増えていった。
（エピソードがよい。教師のやる気・人間性が伝わってくる）
（転）また、子どもたちがA君を……「ありがとう」感謝の気持ちでいっぱいだった。
（会話文は、エピソードを鮮明にする）
（結）子どもたちと一緒に卒業式を迎えたかった。子どもたちの卒業する姿を見たい。
（教師になりたい強い想いが伝わってくる）

　自己PR文のためだけではなくよい文章が書けると小論文の対策にもなる。

┌───┐
│ 自己PR文はそのまま小論文の本論にも使える   │
└───┘

合格者の書類選考用紙
実際の合格者の面接カード

①ボランティア活動経験

- ボランティア部の会
  （○○児童養護施設）　期間：平成22年4月～現在
- 小学校　特別支援学級補助教員　期間：平成22年9月～現在
- 子ども教室　期間：平成22年4月～現在
  場所：△△
- 「□□教職たまごプロジェクト」　小学校　期間：平成24年4月～現在
  場所：　　立　小学校

②参加した部活動・コンクール等の活動の記録

- 小学校
  ミニバスケットボールチーム　キャプテン
- 中学校
  バスケットバール部副部長
  3年生副級長
  平成○年度体育祭　応援団紅組副団長
- 高等学校
  △△県バスケットボール大会　ベスト8（レギュラー）
- 大学時代
  教師の卵サークルWE　全国模擬授業対決2012　個人戦優勝
  ボランティア部なずなの会　□□児童養護施設

③学校生活から得たもの
- 小学校時代
  友だちとの関わり方
  人をまとめるということの難しさ
- 中学・高校
  仲間意識　教えることは楽しいということ
- 大学時代
  相手意識
  夢へ向けた勉強の楽しさ

④指導可能な部活動または指導実績
- 部活動
  バスケットボール部
  サッカーボール部
- 指導実績
  少年サッカーチーム　平成〇年低学年コーチ

⑤趣味・特技・海外留学経験等
- 趣味
  発達障害を理解するための勉強会に参加すること（大学1年次から）
  本を読むこと
  模擬授業を作ること
  全国の教師をめざす仲間と会うこと
- 特技　ピアノを弾くこと

⑥自己PR文

　学生時代、児童養護施設でのボランティアやイオン主催の子ども理科教室のボランティア、発達障害をもつ子どもたちの家庭教師、特別支援学級の補助員等を通して、子どもと関わることを多く経験してきた。そのため、常に意識して行ってきたことがある。子どもが楽しいと思える授業を模擬授業としてたくさん作ることである。サークル活動では、全国の学生が模擬授業で対決する大会に2度出場し、2年連続で全国大会に出場した。一昨年は個人全国優勝、今年度は団体全国優勝であった。このような学生時代に培った授業力と子どもとの生の体験をもち、教壇に立っても精進していきたい。

⑦志願の理由

　私は子どもの可能性を広げることができる、教員という仕事に魅力を感じ、子どもの成長・発達に深く関わり、一人ひとりとじっくり関わることができる小学校教員をめざしている。

　私は幼い頃、勉強があまり得意ではなかった。しかし、中学校の数学の先生のおかげで、積極的に学習に取り組めるようになった。先生は公式の意味を丁寧に説明し、わからないところがあれば、放課後も教えてくださった。こうした経験から、教員という職業は、子どもの可能性を広げ、希望を与えてくれる、魅力的な職業と感じた。

　小学校志望の理由は、全教科担当という範囲の広さはあるが、多くの時間を自分の学級で過ごし、児童一人ひとりとじっくり関わることができると思ったからである。

　以上の理由から、私は□□県小学校教員を志望している。

|自己評価票|（自治体によってはない場合もある）

1　人間性、教育に対する情熱、使命感

　人間性に関しては、キャプテンや副団長などを務めてきた経験がある。情熱に関しては、「教職たまごプロジェクト」を行うこと、サークル活動を通して模擬授業を年間に200回以上行うこと、発達障害についての勉強会に参加することなどがあげられる。

2　児童理解力、支援能力

　発達障害をもつ生徒を中心に行った家庭教師では、関わりを持った生徒（勉強をやらない、自己肯定感が低い）たちが無事に高校へ進学していった。
　週に一、二度の学習支援であったが、彼らが勉強を好きになり、自らの意志で机に座ることを目標に努めてきた。

3　小学校教員としての教科指導力

　教壇に立ったことは、「教職たまごプロジェクト」での挨拶の時のみである。経験は少ないが、塾の講師として10名の生徒に授業を行ったこと、全国模擬授業大会に二度出場し、個人優勝・団体優勝をしたことなど、学生時代に多くの授業をする機会をもってきた。

4　教育公務員としての倫理観、心身の健康

　大学1年時から毎週、大学の学習以外は、その時間の多くを子どもと関わるボランティアに取り組んできた。また、少しでも教育に携われるように努めた。
　心身に関しては、小学校から高等学校まで1日も休まず登校するくらい、特に問題もなく、良好な状態である。

先輩たちに聞きました！ 合格者体験記 その4

愛知県 特別支援学校　男性25歳　受験回数1回

★採用試験前、どんなことに不安を感じていましたか？

　教採を受けるのは初めてだったので、冊子や話に聞いただけではどんな試験なのか不安を除いてくれるような情報がなかった。

★採用試験勉強を、どのように進めていましたか？

筆記試験

　自分ではおおよそ1月から過去問を解きました。1次の教職は心理、教育史の問題集を6周解いて、法規、原理を3周ほどやりました。一般教養は基本的に、勉強しませんでした。専門は2次対策の専門を行っていたので、1次用の専門は勉強していません。2次は専門のみなので、過去問と似た傾向の自治体の問題を解いていました。愛知県は筆記問題でクセがありましたので、似たような大学受験の問題集を何冊か行いました。

小論文

　行う時間がありませんでしたので、本文で使えそうな内容を精査し、文章に起こし、サークルの先輩に見ていただき、直していただいたものを暗記しました。また、序論、結論は各題材ごとにつなげるように何回か、序論、本論のみを書きました。

面接試験

　面接ノートを作成しました。問題文を書き、それに関するキーワードをいくつか書くという簡単なものです。それをもとにして、月に1度、教員採用試験対策講座での面接練習をしました。面接試験の1週間前からは、何名かの知人と毎日1～2時間の面接練習をしました。

Chapter 4

集団面接（討論）完全マニュアル

　集団面接（討論）の対策は模擬面接をやっていくのが1番！

　面接練習ができるように場を設定してほしい。もちろん一人でも練習はできる。ただし意見の重ね合いは複数人が必要だ。

　巻末のチェックシート⑪・⑫を使いながら練習を重ね、仲間と力を向上させてほしい。

集団討論のテープ起こしと分析

論文テープ起こしから見える事実

自治体：長野県　人数：面接官3名、受験者8名　時間：30分

発言者	発言	解説（ポイントやよい点）
面接官	【テーマ】 子どもの目線に立つということについてあなたはどう考えますか。2分で考えて、1分で言ってもらいます。（2分間、考える時間が与えられる）	○テーマが言われている時に、面接官を見て、うなずいたりして真剣に聞いているのが大切。 ○待っている時は下を見ないで、前を見ているのがいい。下を見ていると印象が悪くなる。
面接官	はい。それでは、右からAさんBさんCさんDさんEさんFさんGさんHさんとします。どなたからでもかまいませんので、周りの方の許可を得て発言してください。	○指名をされた時に面接官と目線が合うようにする。 ○周りの方の許可を得てと言われているので、必ず許可を得てから発言する。

面接の形式（例）

```
        面接官　A　B　C

  □    □    受験者    □    □
              □
```

Aさん(よい例)	はい、よろしいですか？ （周りを見渡す） 私が考える子どもの目線に立つというのは、子どもにとってわかりやすく伝えることだと考えます。子どもは短期記憶が弱いため、指示を伝える時には一つずつ伝えます。「教科書を開きましょう」「問題の一番を解きましょう」など、大切な情報を短く伝えます。子どもたちが何をすればいいかわかり、安心して授業に取り組めるように、子どもの目線に立った言葉を選び、わかりやすく伝える努力を大切にします。	○周囲を見て許可を得ているのがとてもいい。 ○「わかりやすく伝える」というキーワードが残りやすい。 ○発言のなかに子どもへの言葉があり、イメージできやすい。 ○子どものためにやっていきたいという謙虚な姿勢が伝わる。 ○最後に「わかりやすく伝える」をリピートし、他の発言者に残りやすくしている。
Bさん(よい例)	はい、意見を言ってもよろしいでしょうか。 ありがとうございます。 私の考える、子どもの目線に立つというのは、子どもの躓きを教師が把握しているということです。たとえば、教育実習の時に、小学校6年生を担当していたのですが、組体操の逆立ちができない子がいました。そこでその子が、「先生、逆立ちができないんだけど、どうしたらいいかな」というふうに言ってくれたので、その次の授業では逆立ちの練習を全体で行いました。このように子どもの躓きを教師が把握し、教師もそれに対応できるそういう授業を作っていきたいと思います。ありがとうございました。	○2番目の発言は価値が高い。8人いるなら2〜4番目に発言するのがよい。 ○前の人と違った独自性の高い意見や、最初に違う意見がたくさん出ると討論が盛り上がる。 ×「子どもの躓きを教師が把握していること」はキーワードが長いし、響きがよくない。「子どもに寄り添った支援をすること」の方が響きがいい。 ○エピソードがいい。 ×このように ➡このことから、この経験から ×作っていきたいと思います。 ➡作っていきます。

Cさん（悪い例）	はい。お願いします。 子どもの目線に立って考えるというのは、子どもの立場に立って子どもに関わることだと考えます。先日漢字の学習をしました。その時子どもが、うまくしんにょうが書けませんでした。しんにょうってすごく難しいということを、どの子も言っていました。そこで私は、薄くノートにしんにょうを書き、「なぞってごらん」と促すと、同じようになぞって、「うまく書けた」ということを喜びながら言ってくれました。 その時私は思いました。子どもの立場に立って考えるということは、子どもができるようにそっと支えながら支援していくことだなと感じました。これからも子どもの立場に立って考えていきたいなと思います。以上です。	○３番目の発言も、積極性があると判断されやすい。 ○子どもの目線＝子どもの立場に立つと言い換えているのはよい。 ×「子どもの立場に立って子どもに関わること」はキーワードが長い。「子どもの立場に立って考える」で内容は伝わる。 ○具体的な手立てを話しているのはよい。しかし、Ｂさんに比べるとエピソードの内容としては弱い。 ×その時私は思いました。 　➡「その時私は、子どもの立場に立って」と話す。 ×支援していくことだと感じました。 　➡支援していくことだと実感しました。 ×考えていきたいなと思います。 　➡考えていきたいです。or 考えます。

Dさん（悪い例）	私は、子どもの目線に立つというのは、授業中に何をしたらいいか、子どもがわかるようにすることだと思います。私の受け持っているクラスには、教師の指示をけっこう聞いていなくて、何をやっていいかわからなくなってしまう子もがいます。その子のために私は、「読む」「書く」「聞く」などの絵も入れて作ったカードを用意して、今は何を書くかというのを、黒板に絵と文字で例示するようにしました。そうするとその子は、黒板を見ながら何をやったらいいかわかるようになって、自分で活動にどんどん入ってくるようになりました。以上です。	×面接官の許可を得ていない。 ×主張が伝わりづらい。キーワードが残るようにするとよい。 　➡子どもの目線に立つというのは、子どもが授業中に何をしたらいいか、わかるようにすることだと考えます。 ×私の受け持っているクラスには、 　➡私が担任している学級には、 ×教師の指示をけっこう聞いていなくて、 　➡全体への指示では ○具体的な手立てを話しているのはよい。聴覚情報が入りにくい子には視覚支援が有効である。 ×このエピソードから、周りの子にもカードを使うことが有効であることが述べられるとよかった。エピソードで終わっているので、最後に主張を入れると説得力が増す。

Eさん（悪い例）	はい。話してもよろしいですか。お願いします。 私が考える子どもの目線に立つということは、子どものわからないところが、わからないと子どもが感じているところが、どこなのかっていうのを、考え、理解してあげることだなと思っています。 私が大学時代に、ずっと塾の方でアルバイトをしていて、その時に専門は英語なんですが、数学を教えたことがありました。 その時に、自分は中学時代に数学がわりとできていたので、できる方法で、指示を出してやらせようとしていたら手が止まっていたので、ここがわからないのと聞くと、その時は、分数の約分や通分の計算がわからなくて、でも実際中学生だったのでこの内容は小学校の時に習った内容なのですが、そういうのも、一つひとつもともとできているのか確認してあげるのと、その子がどこまでわかっていて、わからなくてもそれを責めずに後はこれはこうやって解くんだよと教えてあげることが大切なのだと思いました。 ありがとうございます。	○周りの受験者への配慮がある。 ×この後からの発言は、積極性としては△。 ×一文が長い。「お願いします」がくどい。 ×「理解してあげること」が上から目線。 　➡理解することが大切だと考えます。 ×緊張しているのもあるが、意図が伝わりにくい話し方をしている。 　➡私は、専門は英語なのですが、塾のアルバイトで数学を教えたことがありました。 　中学時代に数学がわりとできていたいので、できる方法でやらせようとしたら、手が止まっていました。わからないところを聞くと、どこがわからないのか話すことができませんでした。そこで、小学校で習った内容まで戻り、一つひとつ確認していくとできるようになっていきました。子どもの立場に立つというのは、わからないことに寄り添い、解けるようになるまで、スモールステップで教えていくことが大切であると考えます。

| Fさん（悪い例） | よろしいでしょうか。
私が子どもの目線に立つということを考えることは、わかりやすさだと思います。
私は今、司書をやっているのですが、6年生のお子さんで、多動のお子さんがいて支援をする機会がありました。
その時に、教室でずっといられなくて、学校中を動き回っているお子さんだったんですが、先生、何するのって、一生懸命私に聞いてきてくれたので、今はこれをする時間だよ、今は勉強する時間だよというふうに言ったんですが、それでもわからなくて、居られなかったので、ちっちゃなカードを作って、今は勉強をする、それが終わったら、遊んでもいいよというふうにしたら、わかるようになって、今は席につくようになったので、子どものわかりやすさが、目線に立つということなのではないかなと考えます。
ありがとうございました。 | ○周りの受験者への配慮がある。
×キーワードが「わかりやすさ」になるのだが、主語がないため教師の指示がわかりやすいのか、子どもがわかりやすいと受け取るのか曖昧になっている。
　➡私は子どもの目線に立つということは、子どもにとってわかりやすい発問や指示をすることだと考えます。
○発達障害の傾向のある子への支援をしている。
×状況説明は短く、支援の内容を膨らませて話すとよい。
　➡授業中は、なかなかじっとしていられず、教室を飛び出してしまうお子さんでした。学習意欲は高く、先生、何をするのと何度も聞いてきました。私は、今はこの勉強をする時間なんだよと話しましたが伝わりませんでした。そこで、見てわかるような小さなカードを作りました。そのカードを使って、勉強の手順を示すと、集中して取り組めるようになりました。今では、席について勉強できるようになりました。子どもの目線に立つとは、わかりやすく発問・指示することだと考えます。 |

Gさん（良い例）	失礼します。 私が、中学校で古典を教えた時に、源氏物語とか、最初の、竹取物語を授業でやっていて、どうやって教えたらいいかなって、子どもの目線に立つっていうのは、子どもが何に関心を示しているかということをわかることが大事だと思いました。 竹取物語では、実はアニメとかで犬夜叉というアニメがあるんですが、そのアニメが実は竹取物語や、かぐや姫の話からアニメになったという話を子どもにしました。一番最初の話の授業をする時に、そういうエピソードとか、そういうことを語って、あーなるほど今でもこういう竹取物語とか、かぐや姫の話って、身近なんだよねってとこから話を始めると、子どもたちにも、親しみがわくような授業ができる。子どもの目線に立ったような授業ができると感じました。 以上です。	○周りの受験者への配慮がある。 ×前半の中学での経験はエピソードで述べた方がいい。 　➡子どもの目線に立つというのは、子どもが何に関心を示しているかわかることが大事だと考えます。 ○子どもが何に関心を示しているか 　＝子ども視点で話をしている。 ○エピソードがわかりやすい。 ○エピソードから結論にかけて、自然な流れになっている。5番目以降の発言者の中では、秀逸である。

Hさん（悪い例）	はい。最後によろしいでしょうか。私の思う子どもの目線に立つということは、まず子どもが今どこまで進んでいるか、取り組みを把握できているかが、やはり重要だと思います。 私は今中学校でボランティアとして中学校の英語の先生の授業に入っているのですが、黒板を写している時に、やはり後ろの席に座っている子が、まだ先生が黒板に書いた文字を書けずに、先生が進んでしまったりということが多々あって、子どもたち同士はそれに気づいているので、隣にいる子が、黒板を書けなかった子に、ノートを見せてあげたり、ということがしばしばあるので、やはり先生は、今どういう状況なのか、みんな書けているのかを確認することが大事だということを学びました。 ですので、子どもの目線になるということは、子どもが常にどんな状態なのかを考え、どう行動するかが大切だと私は思いました。 以上です。	○周りの受験者への配慮がある。 ×結論を最初に話せたら、主張がより明確になった。 ×まず→次に 　➡話していても、文の構成を意識するのがよい。 ×やはり 　➡強調になるので多用しない。 ×中学の先生の指導があまり上手ではないという批判にもとられるかもしれないので、別のエピソードを話すとよい。 ○結論を話しているところがよい。

【講評】

よい所
- 一つひとつのエピソードの情景が思い描けるのでわかりやすい
- 主語述語がはっきりしているとわかりやすい
- 具体的でわかりやすいエピソードは評価が高い

良くない所
- つなぎの言葉がぎこちない

全体として
- 個々のレベルは高いが、集団としての話のまとまりは、まずまずの60点くらい

Chapter 5

個人面接
完全マニュアル

　個人面接は採用試験の肝だ。
　本文の中にベスト回答30がある。自分なりの解答を作って、巻末のチェックシート⑬を使い、伝える練習をする。
　たくさん面接練習をして伝える力をつけていってほしい。

個人面接

最初にすること

　個人面接での最終目標は、**当日の面接で、自分が最も高い評価（A）を得て終えることだ**。そこをめざして、まずは以下のことを行う。

1　志望自治体の情報を知る
2　対策の仕方を知る
3　自分の評価を高める工夫をしていく

　これらのことができた上で、どんどん、面接練習をしていくことが求められる。**練習100回**をめざしていこう。

1　志望自治体の情報を知る

　個人面接では、求める人物像を踏まえた回答が求められる。
　たとえば、横浜市では次の3つである。
　①教育に情熱をもち、常に自己研鑽に務める教師
　②横浜を愛し、豊かな人間性・社会性をもつ教師
　③子どもとの関わりを大切にし、授業で勝負する教師

自治体が求める教師像を確認したら、「ノートに書き出して、キーワードを抜き出す」という作業を行う

　横浜市の場合で言えば、「情熱」「自己研鑽」「郷土愛」「授業で勝負」など、これらを面接で聞かれた際には、自然に意識して話ができるようにしていく。

2 対策の仕方を知る

①誰と対策をやるのかを決める

（1）一人でやる
- 面接の質問を見て、自分の回答を書いていく。
- 一人で質問を読んで、自分で答える練習をする。
- 対策のセミナーや面接の模試を受ける。

（2）仲間とやる

学生
- 同じ学部や研究室の仲間と定期的に練習する。
- 「教員採用試験対策サークル」を立ち上げる。

講師等
- 職場の職員（特に管理職）に見てもらう。

②いつ・どこで・どのようにやるかを決める

力をつけるためのやり方を決め、練習計画を立てる。

いつ	週2回、18時から
どこで	大学の講義室で
どのように	2組で、受験者と面接官に分かれて交互に受け答えの練習

3 自分の評価を高める工夫をしていく

①面接用ノートを作る

　面接対策を始めてみると、最初は「質問に答えられない」ことがある。とりあえず質問に自分なりの答えを書き出していく。だんだんと練習していくと内容に深みが出てくるので、さらに書き出すとよい。

②自分の体験・経験を整理する

　面接は「自分だけの体験・経験をアピールする場」でもある。何を・いつ・どこで・どれだけやってきたかを記入して整理してみると、面接や自己PR文で使える内容を蓄積することができる。

個人面接で評価を上げるために
個人面接チェックシート（応用版）の解説

　面接官は校長、指導主事、民間人、保護者など様々な立場の方がいる。しかし、「どのような人が高い評価をされるのか？」共通する解答は一つしかない。

> その人が、「信頼のおける人物」であるかどうか？

　以下の内容は巻末の「⑬個人面接チェックシート」にまとめている。

1　話し方・答え方

①問いに正対しているか

　例）「あなたが教師を目指した理由は何ですか？」

　→○「はい、恩師の先生に**憧れたから**です。……」

　　×「私は恩師の先生に憧れを感じています。小学校6年生の時……」

②エピソードや根拠を入れて話しているか

　ボランティア・教育実習・現場での経験、部活動や社会人の経験など、短く端的に述べて、自分の答えに説得力を持たせることが求められる。

③明るくはきはきと答えているか

　面接官は多くの受験生を見て、疲れている。面接を明るい気分で行ってもらうためにも、こちらが明るくはきはきと答えることが礼儀である。

④時間感覚を身につけているか

　個人面接において、1分を超える回答はタブー。30～40秒前後で、自分の伝えたいことが述べられるよう、練習を積んでおく。

⑤謙虚さが感じられるか

　現場では、上司や先輩教員の言うことを素直に受け止める姿勢が求められる。自分の意見をもちながらも、そこに謙虚さを伝えていける表現が大切だ。

→○「この経験から」「このことを通して」
→×「このように」「やはり」

2　話の質を高める

⑥面接官（校長、指導主事、民間人、保護者）が共感できる内容か

　教育の専門家ではない面接官にも納得してもらえる話をする必要がある。

⑦根拠が明確で、説得力があるか

　結論→根拠→結論が基本の話し方だが、その根拠の中身が重要だ。

⑧聞いている人にとって興味深い内容か

　保護者なら、どのように子どもに声をかけてくれそうか、校長なら上司との接し方はどうかなど面接官に興味がある話をできるように心がける。

⑨明るい話や発展的な話など、聞きたくなる話か

　海外旅行のエピソードなど聞いて面白いと思える話もあるといい。

⑩失敗談でも、乗り越えて前を向き話しているか

　自分の感情制御ができるのか、困難に当たった時に、がんばれそうか。

3　圧迫面接に対して

⑪嫌な質問をされた時に態度に出ていないか。面接官と敵対していないか

⑫圧迫面接に対して話が途切れたり、止まったりしていないか

　圧迫面接に押されても、のまれないで答えきる必要がある。

⑬圧迫面接に対して、面接官の目を見て答えられているか

⑭矢継ぎ早にされる質問に対して、誠実にその場で考えている態度か

　即答ではなく、その場で一生懸命考えて誠実に答えていく姿勢が評価される。

⑮気圧されることなく、堂々と答えられているか

　安心して任せられると思えば、圧迫面接をやめる場合もある。

個人面接 よくある質問 30 とベスト解答

こう聞かれたら、こう伝えよう

よくある質問 30 とベスト解答 30

よくある質問 30 と、ベストの解答 30 を列挙している。これを参考にしながら、

「自分なりの回答」を作ること

が大切である。

以下、「自分の回答」を書き込む欄を作った。書き込みながら「自分なりの回答」を作り上げていってほしい。意見が出てこない人は、ヒント欄も参考にしてほしい。（初めの 10 質問のみ）

〈志望動機・教師の仕事関係〉

Q1　なぜA市（県）を選んだのですか？

A1　私がA市で小学校教員を志望する理由は、2つあります。まず、生まれ育ったA市の小学校教員になり、恩返しをしたいからです。そして、A市の求める教師像の「教育に情熱をもち、常に自己研鑽に務める教師」は、職場の先生方から多くを学びたいと思っている私にとって、魅力的でした。この2つの理由から、私はA市で小学校教員をめざしています。

ヒント：恩返し　生まれ育った　求める教師像　故郷　自然や風土　観光

Q2　なぜ小学校教員をめざしたのですか？

A2　様々な教科を通じて、児童の成長に関わっていきたいからです。一人ひとりの児童の得意なところや苦手なところをとらえ、各教科の授業でそ

Chapter5　個人面接完全マニュアル

れぞれの部分を伸ばしていきたいと考えています。

ヒント：長い時間を共有できる　教科　専門性　憧れの教師　教育実習

Q3　教師になることを誰かに相談しましたか？
A3　両親や恩師に相談しました。昔から、近所の子どもたちと遊ぶことや勉強を教えることが好きだったので、両親も恩師も快く賛成してくれました。

ヒント：尊敬　信頼　仲間　両親　恩師　先輩

Q4　あなたの長所は何ですか？
A4　全体の状況を見て、冷静に対応を考えるところです。私は大学時代、サークルの代表を務めており、周りの意見を聞き入れながら、組織としての方針を出すという経験を積みました。その経験が、全体の状況を見て、冷静に対応を考えるという自分の強みにつながっています。

ヒント：教師になってから使える　リーダー経験　自分にしかない経験
　　　　自分のアイデンティティーにあっている

Q5　あなたの短所は何ですか？
A5　（長所の裏返しで）落ち着きすぎてしまって、真剣さや熱意が伝わらないところです。改善するために、周りと積極的にコミュニケーションを取り、進んで自分の思いや考えを伝えるようにしています。

┌───┐
　　│　　　　　　　　　　　　　　　　　　　　　　　│
　　└───┘
ヒント：改善可能なこと　前向きにとらえられること　長所の裏返し

Q6　教育実習（講師経験）ではどんなことを学びましたか？
A6　教師として児童と向き合うことの大切さを学びました。実習担当の先生は、休み時間よく子どもと一緒に遊んでいる一方で、授業時間になると甘えやサボりを許さず、叱るべきところでは毅然と指導されていました。実習を通して、私は教師としてメリハリをつけて子どもと向き合う大切さを学びました。

　　┌───┐
　　│　　　　　　　　　　　　　　　　　　　　　　　│
　　└───┘
ヒント：子どもが好き　楽しい　授業の難しさ　子どもとのドラマ

Q7　教育実習（講師経験）で苦労したことは何ですか？
A7　子どもとの距離感です。若いという理由で、子どもに甘えを許してしまう場面がありました。担当の先生にご指導いただき、実習後半には授業と休み時間にメリハリをつけることができるようになりました。

　　┌───┐
　　│　　　　　　　　　　　　　　　　　　　　　　　│
　　└───┘
ヒント：乗り越えた苦労　失敗に対して今後どうするか　具体的に伝える

Q8　職場での信頼関係をどのように築いていきますか？
A8　わからないことは積極的に聞き、教えていただくという立場で、職場の先生方と向き合います。教えていただいたことを素直に受け入れて、やってみるという姿勢を大切にしたいです。

ヒント：前向きさ　謙虚さ　素直さ　和の社会

Q9　社会人（アルバイト）の経験をどのように生かすつもりですか？
A9　人と人とが関わる時の「礼儀の大切さ」を児童に伝えていきたいです。私は車の販売員の経験があるのですが、会社でまず教えられたことが、挨拶の大切さでした。買い物をしていただくお客様に、まずこちらから礼を尽くすことの大切さ、これを子どもたちにも伝えていきたいと考えています。

ヒント：伝えたいキーワードがわかる　保護者にもわかる話　夢

Q10　いじめを解決するにはどうしたらよいですか？
A10　いじめは絶対に許さないという姿勢を教師が示すとともに、クラスの状況を的確に把握する必要があると考えます。クラスの状況を把握する上では「休み時間に一人ぼっちになっていないか」「変なひやかしがないか」などちょっとした兆候も見逃さないよう気を配っていきます。

ヒント：姿勢　毅然と　味方になる　保護者　友だち　具体的な方法

Q11　授業で大切にしていることは何ですか？
A11　一人ひとりのわかる・できるを保証することです。授業中にノートをこまめに点検したり、発言を丁寧に聞いたりすることによって、一人ひ

とりの学習の理解度を把握することを心がけています。

Q12　今までの授業で最も苦労したことは何ですか？
A12　担任していた児童に「先生の授業がわからない」と言われたことです。わかる授業をするために、同学年の先生に1時間の流れを相談して、授業改善に努めました。この時の経験が、自分の授業作りの土台になっています。

Q13　授業改善のためにどのようなことをしていますか？
A13　授業改善のために取り組んでいることが2つあります。一つ目は、職場の先生にお願いして、授業を見てもらい、講評をいただくことです。もう一つは、児童のノートを見返して、誰ができていて誰ができていなかったかを把握し、次の授業の反省点を見つけることです。

Q14　子どもに基礎・基本を身につけさせるためには何が必要ですか？
A14　毎回の授業で基礎・基本をチェックする時間を設けることが必要だと考えます。たとえば国語であれば、毎時間5分間は漢字を学習する時間を作ります。算数であれば、自分の力だけで問題を解く時間を10分は用意します。

Q15　豊かな心を身につけさせるためには何が必要ですか？
A15　日々の行動の中で「礼儀」を重んじることが必要だと考えます。たとえば、挨拶の仕方を教えた上で、進んで挨拶をした児童をほめる。校外学習でお世話になった方に、お礼の言葉を欠かさずに言う。このように日々の行動の中で、一つひとつの礼儀を大切にする必要があると考えます。

Q16　得意なことにパソコン処理とありますが、具体的に何ができますか？
A16　ホームページの作成・編集をすることができます。学校の情報を公開するホームページの作成・編集に携わることを通じて、保護者や地域の方に信頼される学校作りに貢献していきたいと考えています。

Q17　最近ニュースで気になっていることは何ですか？
A17　2020年のオリンピック開催に向けて、会場や交通機関の整備が行われていることです。全世界が注目するイベント、子どもにも夢と希望を与えるイベントであるだけに、順調に整備が進むといいなと思って見ています。

Q18　ストレス解消法を持っていますか？
A18　持っています。私のストレス解消法は、友だちと買い物をしたり、お茶をしに行ったりすることです。自分一人で抱え込まずに、友だちと話すことで、頭の中を整理することを心がけています。

Q19　（模擬授業が先の場合）先ほどの模擬授業はどうでしたか？
A19　緊張し、反省点もありましたが、自分の力を出し切れたと思います。子役の方々の意見にしっかり耳を傾けて、授業を進めることを心がけました。子役の方々のあたたかい協力もあり、気持ちよく授業することができました。

〈保護者・地域関係〉

Q20　保護者との連携をどう行いますか？
A20　学級担任として、児童のよいところを積極的に伝えていきたいと考えております。具体的には、学級通信を発行することを通じて、その日の出来事や児童の活躍を報告する場を作ります。

Q21　先生の授業が不十分だと保護者から言われたらどう対応しますか？
A21　まず学年主任に（場合によっては管理職に）、保護者から連絡があったことを報告します。その上で、ご心配をおかけしたこと、学年の先生方

と協力して、授業改善に努めていくことを保護者に伝えます。

Q22 通知表の評価に納得がいかないと言われたら、どう対応しますか？
A22 学年主任に（場合によっては管理職に）、保護者から連絡があったことを報告します。その上で、学年で定めた評価基準を説明する場を設けます。

Q23 うちの子がいじめられていると言われたら、どう対応しますか？
A23 まず学年主任に（場合によっては管理職に）、保護者から連絡があったことを報告します。その上で、ご心配をおかけしたこと、当事者から聞いた事情を説明し、今後いじめが起こらないように学年（学校全体）で対応していくことを伝えます。

Q24 地域の方から「児童の下校のマナーが悪い」とクレームがきたら、どう対応しますか？
A24 まず管理職に、地域の方から連絡があったことを報告します。その上で、学校としての方針に従って、その児童への指導はもちろんのこと、地域の方へは学年・学校全体に下校時のマナーを指導することを伝えます。

〈児童指導関係〉

Q25　授業中私語をやめない児童にどう対応しますか？
A25　まず、私語をやめない原因を本人や周りの友だち、そして自分の授業から考えます。その原因を取り除くとともに、私語をやめることができた場面を取り上げ、ほめていきます。それでもやめない場合は、学年主任に報告し、対応策を相談します。

Q26　学級崩壊したクラスを担任するとして、どのようにクラスを作りますか？
A26　丁寧な指導を要する子が多くいるのだと思います。まず特に気になる子たちの情報を集め、興味・関心に沿った話をしたり、たくさんほめたりして、大切にされていると感じることができるように指導を心がけます。

Q27　やる気のない児童にどう対応しますか？
A27　まず、児童の得意不得意や好き嫌いを調べ、彼や彼女がやる気を出せないのはどの教科なのか、それはなぜなのかを把握します。その上で、やる気を出して授業に参加した場面を取り上げ、ほめていきます。それでも改善しない場合は、学年主任に報告し、対応策を相談します。

Q28　「先生の授業がわからない」と言われたらどう対応しますか？
A28　どの教科がわからないのかを聞き、その児童の苦手科目かどうかを確認します。苦手科目であれば、その児童の学習を個別にフォローすることで解決する可能性があります。根本的にこちらの授業がまずいという場合には、「先生ももっと勉強するから、〜さんも一緒に努力しよう」と呼びかけた上で、学年主任に相談し、授業改善に努めていきます。

Q29　忘れ物が多い児童にどう対応しますか？
A29　持ってくる物がある時に、すぐに連絡帳に書くこと、家に帰ったらすぐ連絡帳を見て明日の準備をすることを指導します。さらに、保護者に連絡を取り、忘れ物をなくしていくための習慣作りの協力をお願いします。

Q30　苦手なことを避ける児童にどう対応しますか？
A30　まず、児童の得手不得手を調べ、彼や彼女が避けてしまうものが何か、それはなぜかを把握します。その上で、個別にフォローする時間が確保できるように授業を組み立て、苦手なことに取り組んだらほめることを繰り返します。それでも改善しない場合は、学年主任に報告し、対応策を相談します。

練習方法

　練習方法は「誰と」「いつ」「どこで」「どのように」を明確にし、計画的に実施する。「誰と」「いつ」「どこで」は人それぞれの事情に合わせて、決めていけばよい。ここでは、「どのように」の具体的なモデルを示す。
　大きく分けて、2つの方法がある。

① 1対1
　受験者役1名と、面接官役1名、2人組になっての面接練習。奇数人数の場合は、問いを読み上げ、時間を測る役を作る。
「個人面接」という形式に慣れるための第1段階なので、質問の内容は過去問だけでなく、日常的なものを含めてもいい。たとえば、「好きな食べ物は何ですか？」「部活は何でしたか？」などである。
　そして、答え方の原則として、「一文を短く、はじめに結論を述べる」ことを意識して取り組む。
　質問が終わるごとに、面接官役が受験者役にコメントをする。
　3〜5個の質問をしたら交代する。

② 1対複数
　受験者役1名と、面接官役2〜3名、傍観者に分かれる。
　本番に即した形式での面接練習。下の図のようなイメージになる。

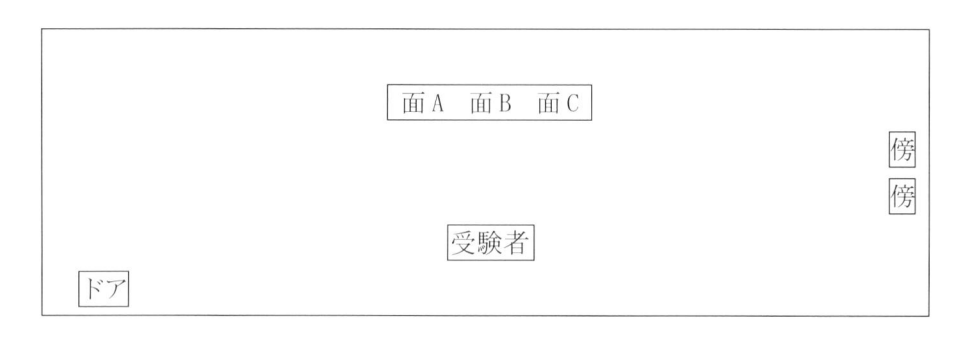

```
　　　　　　　　　面A　面B　面C
　　　　　　　　　　　　　　　　　　　　傍
　　　　　　　　　　　　　　　　　　　　傍
　　　　　　　　　　受験者
ドア
```

質問の内容は、面接カードへの記載事項、過去の質問例からの予想、先ほどのベスト解答30などから出題する。

　面接官役は、事前に面接カードに目を通し、ある程度質問する事項を決める。受験者役は、部屋への入室から、着席、退室まで行う。

　面接官は、一人あたり3～5分で質問する人を交代。

　すべての質問が終了後、面接官役、傍観者がコメント。

＊「どのようにコメントをするのか？」

　コメントは、付箋に書いたものを渡したり、その場で本人に直接伝えたりする。参考までに、私がもらったコメントを以下に記す。

（対策初期・大学3年11月）
- 話の中身に具体的なエピソードを入れる。
- （話している内容が）子ども目線の話なのか、受験者の目線なのかがわからない。
- 事実を言う時、語尾を上げるのではなく下げる。語尾を上げると軽い感じがしてしまう。

　巻末の「面接基礎チェックシート」や「個人面接チェックシート」に書いてある観点をつけてから、その項目を参考にコメントしよう。

---

③一人で

　面接での発言練習は一人でもできる。面接官の代わりに、自分で質問を読んで、答えていけばいい。チェックシートがあれば、映像にとった自分の姿を見て評価をすることもできるはずだ。

先輩たちに聞きました！ **合格者体験記** その５

大阪府 高校 英語　女性22歳　受験回数１回

★採用試験前、どんなことに不安を感じていましたか？

　私が教員になれるのか、なっていいのか、受かるのかと不安でした。

★採用試験勉強を、どのように進めていましたか？

筆記試験（教職教養）

　全自治体の１年分の過去問を解いてから概要がまとめられている本（時事通信出版局）で心理や原理など項目ごとに勉強しました。一通り頭に入ったら、あとはひたすら分野ごとの過去問（協同出版）や教採関連の雑誌（協同出版）にある問題を解きました。できなかった問題にチェックをつけ、２回目以降に解く時はできなかった問題だけを解いていきました。また、大学の教職仲間と問題を出し合いました。

筆記試験（専門）

　自治体の過去問（協同出版）を５年分ほど解いて傾向をつかみ、主に長文読解を問題集（東京アカデミー、協同出版）で解きました。

　大学の教職教育課や過去に試験官を経験した先生と同教科を受験する仲間に、模擬授業を見てもらいました。ほめるポイント等は同じサークルの先生のアドバイスを取り入れました。

実技試験

　先輩の話やインターネット等で今まで出題された課題を調べて、英語面接や英語討論の練習を、同教科を受験する仲間としました。ノートを作成しどのように答えるか書き出しました。

Chapter 6

検査対策
完全マニュアル

　検査は試験の評価項目に入っている場合もあるが、基本的には対策はいらないものである。

　しかし、受け方を知っていることで、他の教科のパフォーマンスを上げられる。

ここだけ間違えなければ大丈夫！　検査のチェックシート

はじめに

過去の検査を見たか	
検査を一度やったか	
検査を気にしないで他の対策ができたか	

検査中

単純作業でムラが出すぎなかったか	
イライラしないでできたか	
がんばりすぎないでできたか	

検査の心得

これだけは知っておこう

　1時間半に及ぶ検査もある。検査は淡々と終えて、他の大事な筆記試験や小論文、面接試験を最高の状態で受けられるようにすることが大切である。

　検査に共通していることが3つある。

　①単純作業　②ストレスがたまる　③長時間　である。

　やっていて「つまらない」と感じるのが検査なのだ。それに対して大切なことは、

①単純作業	➡	ムラを出しすぎない
②ストレスがたまる	➡	イライラしない
③長時間	➡	がんばりすぎない

　試験科目に影響を与えないように過度に緊張したりすることなく受けることが大切なのだ。

1　検査対策ですること

①受ける自治体の検査名を調べる

　過去の例を見たり、ホームページで各自治体の募集要項で検査名を確認したりしよう。

②検査を一度やってみる（可能なら）

③答え方一覧を知ろう

　募集要項にある検査以外にも、「はい」「いいえ」で答える質問紙法などを行う自治体がある。質問紙法では常識で考えて、ふさわしい回答を選ぶ。

2　有名検査一覧

検査名	時間	特徴	内容
内田クレペリン検査	55分	単純作業で眠くなる　イライラする	ひたすら単純計算をし続ける
Y-G検査	30分	嫌な気分になる	ひたすら質問に「はい、いいえ、どちらでもない」で答える
MMPI（MINI 124）	90分	イライラする	同じような質問に答える

クレペリン検査（55分）

全国66自治体のうち、検査がある自治体は大方クレペリン検査、Y-G検査が主流である。ともに5割弱の自治体が行っている。クレペリンはひたすら単純作業である。イライラしたり、眠くなったりすることが多いのが特徴。

Y-G検査（30分）

Y-G検査では質問紙法と同じで常識的に考えた回答を選ぶようにする。30分の質問で、聞かれたら嫌だなと思う質問もある。「何かを殺したいと思ったことがありますか？」など。ただし検査なので気分を害さず淡々とやっていきたい。

MMPI-1、MINI-124（90分）

先にMMPI-1はMMPIの新訳版で、566項目から構成される質問紙法である。MMPIではY-G検査に比べて問題がひねくれている。常識的に考えて、ふさわしい回答を選び、「どちらでもない」は少なくする。また、MINI-124のような簡略版を30分ほどで行う自治体もある。

その他

全国的に見て、九州地方の自治体は、他では行っていない検査法を行う自治体が多い。検査は、「知能検査」「学力検査」「行動適正」などで構成されているものがある。「知能検査」では本来の知的能力、「学力検査」では知識や常識といった学習能力を、「行動特性」ではコミュニケーション力を測る。

先輩たちに聞きました！ 合格者体験記 その6

愛知県 小学校　男性31歳　受験回数11回

★採用試験前、どんなことに不安を感じていましたか？

　東京の大学に通っていたため、地元の採用試験の情報がほとんどないまま勉強していました。どのように勉強すればよいかわからず、なんとなく勉強している状況でした。

　講師の仕事をしている時は、日々子どもたちとの生活が充実していたため、勉強せず採用試験を受け続けていました。このままでは、合格できないという漠然とした不安が年々増していきました。

★採用試験勉強を、どのように進めていましたか？

筆記試験

　専門は、セサミノートを中心に、苦手な教科は中学生が使う薄めの問題集を使いました。教職はランナーを使いました。ランナーは、問題を解くだけでなく、読み物としても活用しました。

　問題集6周を目指し、1周目は答えを写し、2周目からは、向山式学習法（Chapter 1参照）を参考に問題を解きました。

★受験を控える皆さんに、メッセージをお願いします！

　なかなか合格できない講師の先生は、今までしてきたことは無駄ではありません。否定ではなく、必要なこととしてとらえてほしいです。

　合格は、向こうからはやってきません。私が合格できたのは、合格するという信念を持ち続けたこと、行動し続けたこと、切磋琢磨できる仲間がいたこと、よりよい方向に導いてくれた方がいたからです。

　合格は、つかむのではなく、もぎ取るつもりでがんばってください。

Chapter 7

実技(体育・音楽)対策完全マニュアル

　体育は、その実技ができるだけではなく、できたことを人に説明する力をつけていくことも大切だ。
　音楽は、小学校ではアピールできると合格率が一気に高まる教科。ピアノの先生が絶対に必要だからだ。
　チェックシート⑮も使っていこう！

体育　最初にすること

これだけは知っておこう

最初にすること（括弧は目安の時期）

> 1　毎年ほとんど内容が変わらないので早めに過去問を調べる
> 2　体力が必要なので、運動が苦手な人ほど早めの対策と体力作りをする

その上で、以下のように計画的に進めるといいだろう。

1　受ける自治体の体育の実技の過去問と配点を調べる（〜2月）

　過去問やホームページで各自治体の募集要項を確認できる場合が多い。配点は、小学校では1〜2割のところが多く、中学・高校では5割を占める配点の自治体もある。

2　対策を始める（〜3月）

　正式には試験項目は発表されないが、過去の流れから予想がつけられるものは、どの項目を選択するかを決めて対策を始める。体力作りも始める。

体育の対策をする上での重要ポイント

> ①絶対に怪我をしない（体を痛めないように準備体操をしっかりと行う）
> ②なるべく複数で行う（仲間と息抜きをして、お互いに見合って評価する）
> ③運動の知識と技能を身につける（学習指導要領や本、専門の人などから）
> ④うまくできなくても堂々とやりきる（実技自体よりも、その人が指導できるかどうかを見ている）
> ⑤技を始める前に合図をしたり、終わりに決めを行ったりする

出題の傾向

小学校希望者には水泳、器械運動、球技の試験が多い
中学・高校の保健体育希望者には、それら小学校の試験に加えて、陸上、武道・ダンスが課される傾向にある

ワークシート

自分の受験自治体の実技をチェック　志望校種の実技を書いていこう。

受験自治体（校種）	1次種目	2次種目
（例）山形県 （小学校）	水泳、 マット運動 or 鉄棒運動	なし
志望自治体		

試験までのビジョンをもとう！
各種目の練習と計画

　各種目の練習方法を見て自分のやることを表にし、試験までの計画を立ててみよう。

種目＼月	2月	3月	4月	5月	6月	7月	8月
							完成

練習時期の目安

　半年くらい前から月1回程度、直前に集中してやるとよい。以下に目安を示す。ただし苦手なものがあれば早い時期からやっていった方がよい。

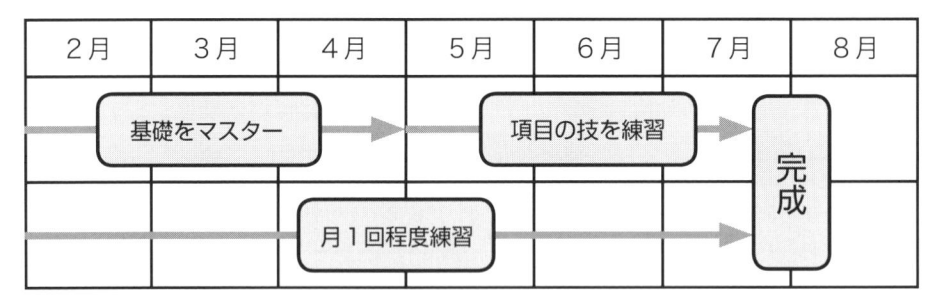

2月	3月	4月	5月	6月	7月	8月
→ 基礎をマスター →			→ 項目の技を練習 →		完成
		→ 月1回程度練習 →			

器械運動

　主な種目はマット運動、鉄棒運動、跳び箱運動などがある。正しいフォームを習得し、教師の立場で指導する点を注意して練習をしよう。

　また怪我の多い種目である。準備体操を十分に行い、安全に練習するようにしよう。

水泳

　主な種目はクロール、平泳ぎ、背泳ぎ。1種目または2種目を25mないし50mを泳ぐ。タイムを評価基準にしているところもあるが、正しいフォームで泳げればタイムも上がる。正しいフォームを身につけよう。

球技

　種目はバスケットボール、サッカー、バレーボールが頻出である。苦手な種目を選択せざるを得ない場合は早めの対策を心がけ、週に1回程度はボールに触れて、感覚を忘れないようにしよう。

陸上

　主にハードル走が多い。タイムだけを評価する自治体もある。正しいフォームを身につけて練習をすれば徐々に速くなるので早期からの対策をしよう。

武道・ダンス

　武道（剣道・柔道）、ダンスから1種目選択させる自治体が多い。2種目とも基本的な動作を正しく身につけることが重要である。また詳細は学習指導要領から出題されている。

　実技試験は基礎技術、タイムの他にも技能・意欲・試験に対する態度も合わせて評価される。教員を目指すものとして、ふさわしい態度と児童、生徒の見本となるような演技を心がけよう。

音楽　最初にすること

基礎の押さえ方

1　最初にする3つのこと

①昨年度までの試験で何が行われたのかを知ること
②自分は何がどのくらいできるのかを知る
③練習する環境を整える

①昨年度までの試験で何が行われたのかを知る

　ピアノ伴奏やリコーダーであれば、何かの教本にあるものなのか、学習指導要領にある共通教材なのか。歌でも同じだ。各自治体のホームページに情報が載っている。わかる範囲で調べる。

②自分は何がどのくらいできるのかを知る

　自分は何がどのくらいできるのかを知る。1次試験の1年ほど前から行う。楽譜は読めるか。ピアノはどの程度なら弾けるか。歌なら高い音が苦手なのか。リコーダーの運指は覚えているかなどを確認する。

③練習する環境を整える

　音楽の試験対策には、場所（音楽室・防音室等）・時間（楽器の音を出したり歌ったりして迷惑にならない時間）・物（グランドピアノ、ソプラノリコーダー等）が必要である。
　ピアノの練習がどこでどのくらいできるのか、何を準備すればいいのか、それさえわかれば後はやるだけとなる。

音楽の練習方法

リコーダー・ピアノ・歌

1　器楽（リコーダーやピアノ）の練習法

> １日１回でも毎日練習するのが一番伸びる

①楽譜を見る

　まず、楽譜のそれぞれの音に「ド・レ・ミ……」などを書く。どの音を出さなければいけないかを把握するためだ。リコーダーの場合、ブレスマーク（∨）を探し、息継ぎをするところを確認する。そして、参考演奏を聴く。演奏する曲のイメージをもつ。

②運指、指番号の確認

　リコーダーの場合は運指、ピアノ伴奏の場合は指番号（楽譜に書いてある１～５の数字）を確認する。

③ゆっくりと演奏

　♩＝60～80くらいでゆっくりと演奏する練習をする。リコーダーの正しい運指や息継ぎ、ピアノ伴奏の片手弾き、正しい手の動きを体に覚え込ませる。
　そして、少しずつ曲本来のテンポに近づけた速度で演奏する。

④表現

　曲本来の速度で、正しい音で演奏できてきたら、表現を取り入れていきたい。強弱記号（＜・＞・p・f等）やスラー・スタッカートなどの表現を意識する。

2 歌の練習法

以下の4ステップで行っていく。

①課題曲を聴く

　CDで課題曲を聴く。YouTubeなどの動画でもいいが、練習をしていくことを考えると、安定したCDがよい。何回も聴いて、耳で曲を覚えていく。

②CDに合わせて歌う

　CDの音に合わせて歌う。何回も繰り返す。正しい音程で歌えているかは自分ではわかりにくいため、繰り返し練習して、誰かに聴いてもらいながら、確実に正しい音程で歌えるようにする。

　意識するのは、口や喉が大きく開いているかだ。口から肺にかけての空気の通り道を出来るだけ大きく開けるイメージで歌う。これを繰り返す。

③CDを聞かずにピアノではじめの音だけを聞いて歌う

　試験では、はじめの音を音取りとして弾いてもよい。ピアノで正しい音程で歌えるようになったら、はじめの音だけを聞いて歌う練習をする。

　はじめの音を弾く時は、1回だけ鍵盤を叩き、長く音を伸ばす。音が伸びている間に歌い始めの音をイメージする。

④高くて（低くて）声が出せない音がある時

　移調（基準の音を変えること）をする。しかし、移調するには音楽の知識が必要なので、知識のある人に書き直してもらうことが確実となる。

　息継ぎは、ほとんどの曲では4小節ごとだ。ただし、スラー（なめらかに歌う）の途中では息継ぎはせず、スラーの前後に息継ぎの場所を変える。

Chapter 8

模擬授業 完全マニュアル

模擬授業の重要性は近年増してきている。
この最重要の模擬授業のポイントと練習チェックシート⑭を活用してたくさん練習しよう！

模擬授業　まず最初にすること

模擬授業をする前に知っておくべきこと

1　出題内容をつかむ

　地方自治体によって、どのようなテーマで模擬授業を行うのか、形式が異なる。自分が受験する地方自治体の過去問を手に入れること、以下のことを知っている人に確認することが必要だ。

①試験の概要

- 面接官の数　（　　　）人　　・模擬授業の時間　（　　　）分
- 事前に準備して臨むのか、その場で考えるか？
- 授業の時、子役（試験官）は反応するのか無反応なのか？

②模擬授業の形式（一例）

事前に準備	その場で考える
目の前に子どもがいると仮定して模擬授業を行う。自分の好きなように子どもの反応を設定できる	その場での授業の構成力や子どもとの対応力が求められる

③子役の反応パターン

子役なしパターン	子役ありパターン
目の前に子どもがいると仮定して模擬授業を行う。自分の好きなように子どもの反応を設定できる	子役を設定して模擬授業を行う。子役は受験者同士で行ったり、面接官が行ったりする

2　模擬授業ではこんなポイントを見ている

模擬授業で高得点を取るには、高い評価をもらえるポイントを知るべきだ。

①安心して子どもを預けられる安定感があるか（授業の基礎スキル）
②子どもたちの興味を引き出す授業展開になっているか（授業の中身）

巻末の「⑭模擬授業練習チェックシート」はその観点で作られている。
模擬授業をして、試験官役の人に評価をしてもらおう。

3　やり方を知る

傾向をつかんだら、実際に模擬授業をやってみることが大切だ。

①過去問を見て、自分だったらどんな授業をするか書き出す
②書き出した授業を実際にやってみる
③慣れてきたら、テーマを見ただけでできるように練習する

何回も練習することで、堂々とできるようになる。繰り返し練習しよう。
ビデオカメラに撮って見返すとさらに修正点がわかり効果的だ。

4　人に見てもらう

講師なら校長や教頭、学年主任、学生なら友だちや教授にお願いをして、授業を見てもらおう。合格が近づくはずだ。それは、

自分では気がつかないポイントやクセを教えてもらうことができるから

模擬授業　チェックシート解説 1

身体動作のポイント

1　声

声で大切なのは模擬授業チェックシートの①〜③。

> ①教室全体に聞こえる　　②語尾がはっきりと聞こえる
> ③明るい声になっている

そのための練習方法を示す。

①通る声が出るトレーニング

教室の後ろまで通る声が出るようにトレーニングしよう。

②お腹から声を出すトレーニング

> ①足を肩幅に開く　　　　　　②力を抜いて立つ
> ③おへその下（丹田）に力を入れる　④「こんにちは」と言う

10回を目安に繰り返す。

「丹田」に力を入れることで、芯のある通る声を出すことができる。

声がいいと授業がよくなったと感じる。子どもたちに届く声を探そう。

2　立ち姿・目線・表情のクセをなくす

人には様々なクセがある。

・まばたきが多くなる　・手がフラフラ動いている　など

このような不自然な動きや自分のクセは意外と自分ではわからない。そのために修正もしにくい。今の自分を変えていきたいと思ったら、対策をすべきだ。

効果的な練習

①ビデオに撮ったり、人に見てもらったりして、クセを発見する
②クセが出ないように意識しながら模擬授業を練習する

チェックシートを使いながら、何度も練習して慣れていこう。自然な問いかけや質問ができるようになると安定感がぐっと増す。何度も模擬授業で練習しよう。

3　子どもを見て指導する

授業は子どもに対して行う。

子役がいる場合は、子役に目を合わせる
子役がいない場合は、子役がいると想定して面接官に目を合わせる

模擬授業での自分の様子をチェックしたい時は、子役の見方によって自分の課題を見つけることは、課題を克服していく上で大変有効な手段となる。一人残らず全員の子役に目を合わせる。一方クラス全体を見渡すことも必要だ。

4　笑顔でほめる

子どもたちは「ほめられたい」「認められたい」と思っている。笑顔で、子どもたちをあたたかく見て、ほめていく。保護者の立場なら自分の子どもをほめてくれる先生の方が断然いい。

講師の人は普段、自分の教室で子どもをほめるイメージをそのまま出せば高評価を得られているはずだ。

模擬授業 チェックシート解説2

チェックシートの有効な活用法

1 授業行為の工夫

①板書の字

　模擬授業の時、教室の黒板にチョークがきれいに並んでいることがある。これは模擬授業の時に「使いなさい」という意図が込められている。テーマにもよるが、黒板を使ってひきつけるような工夫ができるとアピールになる。

②机間指導

　子どもたちに発問をして、考える場面も作る。その時に机の間を回って、子どもの意見を聞いていく。「いい意見だね」「なるほど」など子どもたちの意欲を高める言葉をかける。発表の場面で、子どもたちの発表を促すための布石でもある。

③発問・指示

　「どうしたら、交通事故を減らせると思いますか」と具体的な発問をし、「班で相談しなさい」と指示を出す。「よく話しているね」などほめていく。

2 授業の流れ（例）

模擬授業
テーマ「音楽会でふざけて聞いている児童がいた。それに対して教室に戻ってからどのような指導をするか」

①導入

　最初の導入で子どもたちをひきつける。「全員目をつむりなさい」と真剣な雰囲気で言う。

②子どもが思考できる発問をする

「今日の音楽会、自分が全力でやりきれた人、手を上げなさい。そうではなかった人手を上げなさい」「おろします。多くの人が一生懸命歌っていたね。素晴らしいなと思いました。でも、他の人の発表を聞く態度は歌う時と比べてどうですか？　よかったと思う人？　悪かったかなと思う人？」「そうですね」

③子ども同士で話し合う場面を作る

「悪かったのはどうしてだと思いますか？　近くの人と相談をしなさい」
（机間指導　認めたり聞いたりしながら歩く）

④子どもの意見を聞きながら意見をまとめる

「意見を聞いていきます。Aさん」
（板書をする）

⑤まとめ

「原因はいくつも出ましたね。2学期には運動会もあります。その時に高学年としてどういう態度で臨むのか。素晴らしい会になるのを楽しみにしています」

3　授業の流れのまとめ

①導入→②発問→③話し合い（書く時間）→④子どもの意見をまとめる→⑤まとめ、の順番で行っていくと面接官に伝わりやすくなる。

模擬授業をやってみる

授業の流れの中で効果を上げるポイント

　教育活動の中で起こり得る場面設定に基づき、他の受験者を児童・生徒に見立てて模擬授業を行う。

場面指導……最後に雰囲気よく、プラスの気持ちで終わるようにする。

①模擬授業の会場例

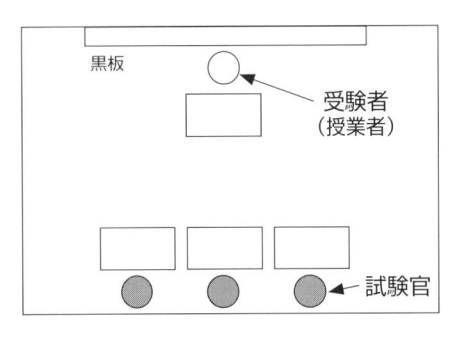

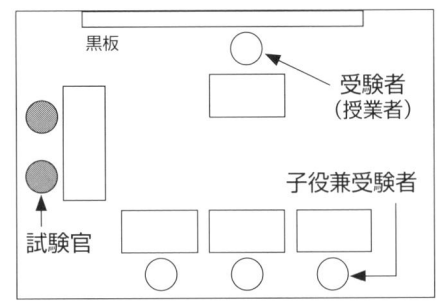

②声の使い方のポイント

　話す際に意識すべき声に関する点を挙げる。場に応じて変化させよう。

表情	常に明るければよいわけではない。真剣な時は真剣な表情、嬉しい時は嬉しい表情など、話に合わせ変化させよう。
声のトーン	声の高低は、相手が聞きやすいよう落ち着いた声で話すことが最良である。抑揚も大切にし、話にメリハリを作ろう。
声の大きさ	学級の児童・生徒が集中できるよう小さな声で話すことも一つの方法である。一定にならず使い分けて話してみよう。

模擬授業課題1　以下をやって、下の模範解答と比べてみよう。

> Q.「畑に石を投げる子がいます」と近所から学校に苦情の電話が入りました。あなたは、学級の子どもたちにどのように話をしますか？

模範解答（例　参考にしながら授業をしてみよう。）

第一声 （導入）	全員目をつむりなさい。想像してね。みんなの育てている大豆があるね、その大豆がある日の朝学校へ行くと、抜かれてなくなっていました。目をあけて。みんなはどう思いますか？
語り （展開）	これと同じように辛いことが近所の人から連絡が入りました。畑に石を投げて、野菜が食べられなくなってしまった……と。みんなの中にはいないと思うけど、もしも畑に石を投げている人を見たら、どうしたらいいと思いますか？　班で話し合いなさい。 （机間指導）
まとめ （結論）	班ごとに意見を発表してもらいます。 （意見を聞く） そうだよね。こういうことがない学校にしていきたいね。

例を参考にしながら自分なりの授業を作って授業をしてみよう。また誰かに見てもらおう。

課題別対策〜子役なしタイプ〜
子役がいるかのように授業する

1 面接官を子役に見立てる

　子役がいない場合、目を合わせたり、反応を返したりすることが難しい。そのため、数人の子どもがいると仮定し、シミュレーションしておく必要がある。

Step 1　子どもが数人いると想定し、名前を決める
Step 2　位置を決める
Step 3　どんな子か決める

　子役なしタイプは、裏を返せば、

なんでも自分の思った通りに授業を進めることができる

ということだ。事前にしっかりとシミュレーションしておけば、自分の強みをはっきりできる。それが許されるかは試験を経験した先生に確認しておく必要がある。

2 机間指導をする

　子役がいないからといって、仁王立ちで模擬授業をする必要はない。むしろ、

机間指導をしながら子どもたちを見ることであたたかく接するというアピールができる

子役がいないことを自分をアピールするチャンスとしよう。

A評価の裏ワザ

知っておくといいこと

1　地域独特の教育観を取り入れる

　それぞれの地域に、「○○することが大切」「よい授業とは○○な授業だ」という教育観が存在する。

　たとえば、長野県では、椅子に座っている子どもを見下ろすのではなく、膝をついて子どもと目線を合わせる、子どもの近くで学習の様子を見守ることが大切だという教育観が存在する。

　模擬授業において、

> 地域で大事にされている教師の行為や思想を反映させる

ことで、面接官に「この人に先生になってもらいたい」と思ってもらうことが大切だ。どのような行為や思想が大切にされているかは、先輩教師や管理職に聞くなどして教えてもらおう。また学生は、教育実習で指導されたことや付属の小中学校の教育観を参考にしてみよう。

2　A評価の模擬授業者の特徴

　今まで何人もA評価をもらった人を見てきた。共通することを述べる。

> ①最初から最後まで「楽しく」授業をしていた
> ②子どもをほめる場面が多かった

　そういう姿をめざしてほしい。

Chapter 9

「情報」と「仲間」を手に入れて、さらに前に！

　自治体の情報がもっとほしい！
　仲間を作りたいけど方法が知りたい！
　そう感じている方に、様々な試験情報と身近な仲間を探す方法を紹介していきます。
　色々な情報を使いながら自分にあったよりよい手段を選択していきましょう。

Q 自治体の情報を手に入れるにはどうしたらいいの？
A 自治体のホームページから実施要項を手に入れよう

　各都道府県の採用試験情報を知るためには、それぞれの自治体ホームページにアクセスして実施要項をダウンロードするとよい。それぞれの自治体によって内容は若干変わるが、以下のような情報を得ることができる。

- 校種別の募集人数　・試験期日　・試験会場　・試験科目
- 願書の受付時期　・試験結果の通知について
- 特別選考の実施について

受験票のダウンロードや、インターネット出願もできる

　募集要項とともに、願書や受験票についてもダウンロードできるところが多い。中には、WEB上で出願できる自治体もある。日頃からホームページをチェックし、早めに提出しておくことをおすすめする。

その他の役立つ内容もチェックしよう

　採用試験のページには、募集要項以外にも、過去の倍率や問題内容、採用試験説明会の案内、出願状況なども掲載されていることがある。様々な情報が掲載されているので、目を通しておくとよいだろう。

その他、役立つホームページ
大手の企業や、試験の経験者個人が開いているページがある　　詳細は次ページ
- 教員採用試験突破ランド　http://www.tos-land.net/
- TOSS教員採用試験全国事務局　http://toss-kyosai.jimdo.com/
- 教員ドットコム　http://www.kyoin.com/
- 教員ステーション　http://www.kyoushi.jp/
- NSK@教採ネット　http://www.nsk-japan.com/kyosai/

Chapter9 「情報」と「仲間」を手に入れて、さらに前に！

Q TOSS教員採用試験突破ランドって？
A 採用試験に関するお役立ち情報満載のホームページ

　TOSSランド（http://www.tos-land.net/）の中の1つのコンテンツとして立ち上がったのが、「**TOSS教員採用試験突破ランド**」だ。TOSSランドナンバー「**7834385**」にて出てくる。採用試験に関する様々な情報が満載のサイト。

採用試験突破セミナーの案内
「教員採用試験全国事務局」
ホームページ

メインコンテンツ
「**受験生による教員採用試験情報**」
　全国の受験生から集められた1000件以上の情報を自治体ごとに集約。

「**採用試験　攻略のカギ**」
　採用試験の内容別に「攻略のカギ」を掲載。
　全国の先輩教員が、実践して効果のあった学習方法を発信している。

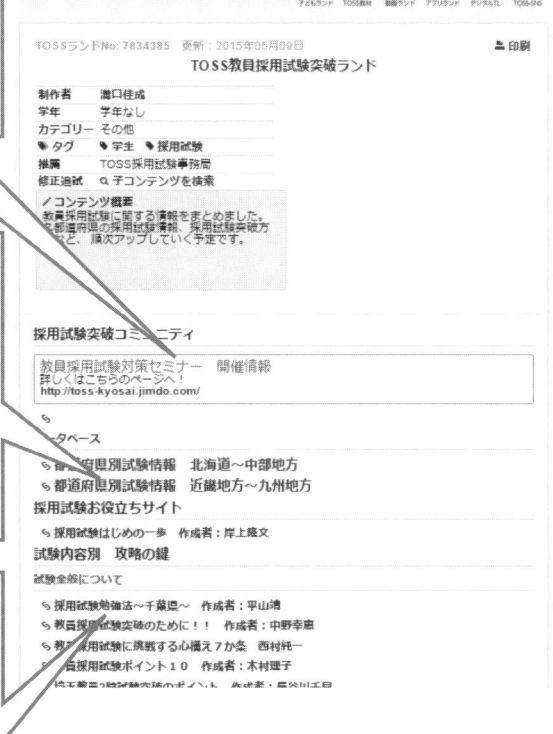

135

> Q 勉強したいけど仲間がいない……
> A 採用試験対策セミナーを活用しよう

　筆記試験対策や小論文などは、問題集などを購入して一人で学習することが可能だ。しかし、模擬授業や集団面接などは、一人で練習するのが難しい。そこで全国の採用試験対策セミナーの活用をおすすめする。試験合格をめざすメンバーが揃うので、仲間を作って共に勉強し合うことも可能だ。

TOSS採用試験全国事務局で仲間を探す

> TOSSとは、
> 「Teacher's Organization of Skill Sharing」の略で、授業教育に役立つ技術・指導法を開発し、集め、授業の技術を高めようと努める教師の団体である。その中で、教員採用試験をめざす学生・講師をサポートしようと、2010年に発足したのが「TOSS採用試験全国事務局」だ。
> 　これまで、長野を始め、愛知、石川、神奈川、埼玉など各地でセミナーを開いたり、全国の受験生から試験情報を集めて広く公開したりなどの活動をしてきている。
> 　詳しくは、こちらのホームページ（http://toss-kyosai.jimdo.com/）をご覧ください。

Chapter9 「情報」と「仲間」を手に入れて、さらに前に！

Q 面接の上手なモデルが見たい！?
A TOSS動画ランド、セミナーへ是非

　TOSS採用試験全国事務局長の岸上が出演している、動画コンテンツがあり、採用試験の面接に向けてのコンテンツをアップしている（2015年7月リリース）。誰でも力をつけていける構成になっているので、これから面接対策を始めたい人、一人では不安という方に是非おすすめのツールである。

◆**教員採用試験　直前対策　面接編　もう一歩差をつける！　知っておきたい面接の裏ワザ**

- 裏ワザ1　話し方編
- 裏ワザ2　聞き方編
- 裏ワザ3　事前編
- 裏ワザ4　面接官編
- チェックシートの紹介　等

詳しくは　TOSS動画ランド　で検索を!!

全国で行われる採用試験対策セミナー

TOSSでは採用試験対策セミナーを全国で展開している。多くの人が合格できるように願って行っている講座である。他の大手採用試験対策と圧倒的に違うのが演習量。わずか数時間のセミナーで面接練習20回分くらいの演習を行う。高い密度で、面接の上手な人と一緒に自分の教採突破力をつけていこう！

【セミナーの感想】
◆今回初めて参加させていただきました。
学校でも面接練習を2、3回しました。が、雰囲気がまったく違いました。質問にはまったく答えられず、しどろもどろになってしまいました。そんな中でも講師の先生方はよかったところを取り上げてくださり、本当に優しくしてくださりありがとうございました。（愛知・男性・学生）

> **Q 採用試験の勉強の確認をしたいけど自分じゃできない**
> **A 自分の周りの先輩や管理職にお願いしよう**

　筆記試験はともかく、小論文や面接など答えが一つに絞れない問題では、自分の答えが適切なのかどうか、一人では判断しにくい。信頼のおける人に尋ねるとよいだろう。

　あなたが学生であるならば、教授に尋ねてみるとよい。教育学部の教授には、教員OBである方が多いし、採用試験対策の学習会講師をされている方もおられる。

　あなたが講師であるならば、管理職に聞いてみるといいだろう。校長先生の中には、教員採用試験の面接官を務めておられる方もいる。

先輩の話を聞いてみよう

　身の周りで、教員採用試験を受けられた先輩がいたら、ぜひ色々と尋ねてみよう。会場の雰囲気や試験官の様子等、書籍では出てこないような貴重な情報を聞くことができる。また、どのようにして受かったのか、勉強の方法なども尋ねるとよいだろう。試験までの見通しをつけることができる。

小論文の添削からお願いしてみよう

　一番頼みやすいのが「小論文」の添削である。面接だと複数名の試験官役が必要となってきたり、わざわざ時間をとってもらったりなど、周りに大きな負担をかけることになることもあるからだ。

　一方で小論文の添削は、どこか時間を見つけて読んでもらったらよいので、時期を考えなくてすむ。添削を通して努力している姿を見てもらってから面接の練習などもしてもらえるか尋ねるとよいだろう。

Chapter9 「情報」と「仲間」を手に入れて、さらに前に！

Q 採用試験対策MLってなんですか？
A 試験の情報交換を目的としたML（メーリングリスト）

　TOSS採用試験全国事務局では、全国各地にいる受験生のネットワークとして、メーリングリストを使っている。採用試験に関する様々な情報や、対策セミナーの案内、日々の学習状況の発信など行っている。

自分の学習状況を発信

　「筆記試験の学習を自宅に帰って行おう」そう思っていたけれど、ついつい怠けてしまって今日一日を棒に振ってしまった。そんな経験はないだろうか？　MLでは、全国の仲間が学習の状況を発信している。周りの人の動きから刺激を受けることで、自分を奮い立たせることができるのも、MLの利点だ。

採用試験対策MLでのやりとり（抜粋）

講師からの面接質問に対して、回答と添削を行っています。

講師：
第21問
学級に、なかなか笑顔にならない子どもがいた場合、どうしますか。

参加者A：
はい。私ならその子どもがなぜ笑顔がないのか調べたいと思います。たとえば、性格的なものかもしれないし、もともと明るい性格なのだけれど心に何かわだかまりがあるのかもしれません。どんな子どもであれ、笑顔にならないからよくないと決めつけず、ゆっくりと心を開くように願い待ちたいと思います。

講師：
A先生、
「決めつけない」「長い目で見る」というのはよいです。「私なら」は削りましょう。ともすると、偉そうだという印象を与える可能性があります。

Q 合格した後に何をしたらいいの？
A 目標を持って、現場に即した実践を積もう

　採用試験に合格して終わりではない。採用試験の合格は、長い教師人生の始まりなのだ。採用試験が終わってから実際に赴任するまでの半年間、たっぷり準備をしておこう。

合格者に聞きました　試験終了後は何をしていましたか？
　30人の採用試験合格者に、試験終了から赴任までの半年、どんなことをして過ごしていたかアンケートをとった。

第1位　サークル・学習会に参加する
　教員になるための勉強は大学でもほとんど機会がなかったので、通えるTOSSのサークル、セミナーに行き、わからないことをすべて聞いて、教師になるための準備をしました。　　　　　（大阪府　高校数学　25歳　男性）
　勉強会に参加することで、先輩の先生からたくさんのことを学びました。
　　　　　　　　　　　　　　　　　　（千葉県　小学校　22歳　女性）

第2位　本を読む
　黄金の3日間に関する本や、向山洋一先生の本を読みました。
　　　　　　　　　　　　　　　　　　（埼玉県　小学校　23歳　男性）

第3位　セミナーに参加する
　TOSSの教え方セミナーに参加しました。（埼玉県　小学校　23歳　男性）
　模擬授業に挑戦して自分を磨くようにしました。
　　　　　　　　　　　　　　　　　　（北海道　小学校　31歳　男性）

第4位　授業を見学する
　同じ学校の先生の授業をよく見に行きました。
　　　　　　　　　　　　　　　　　　（富山県　小学校　24歳　女性）

第5位　教材研究をする・ノートを作る
　黄金の3日間ノートを作成しました。　（長野県　小学校　23歳　女性）

Chapter9　「情報」と「仲間」を手に入れて、さらに前に！

全国の TOSS サークル

全都道府県にある！　600 を超える TOSS サークル

　TOSS（Teacher's Organization of Skill Sharing）は、1986年、旧教育技術法則化運動からスタートし、現在、全国各都道府県で600以上のサークルが活動している。教育の最新課題から、日々の学級のお悩み相談まで、活動は多岐にわたっている。

模擬授業

　5分間のミニ模擬授業を、メンバーの前で披露する。目線の送り方や子どもへの対応の仕方、声の張り方などの指導の様子を見てもらい、先輩教師より様々なアドバイスをもらうことができる。発達障害の子ども役を入れた模擬授業など、より現場に近い形で模擬授業をするところも多い。

レポート検討

　研究授業の指導案や日々の学級通信など、教育に関するレポートを持ち寄って検討している。色々な先生のレポートを読むことで、様々な指導法や授業についての視野が広がり、より学びが深まる。

お悩み相談

　合格してから教壇に立ってみると「こんな時、どうしたらいいのだろう……」と不安になることは山ほどある。気軽に相談することで、難しい悩みも解決の方向に向かうことができる。

自分の家の近くの TOSS サークルを探そう

　自分の住んでいる地域には、どこに TOSS サークルがあるのか、その悩みに答えるのが「TOSS 全国サークル紹介」のページ。
　TOSS ランド（http://www.tos-land.net/）より、「サークル紹介」のページに入ると、都道府県ごとにサークルが紹介されている。是非、お近くのサークルを調べてみてほしい。

巻末　チェックシート

チェックシートの使い方

①～⑨はそのまま書き込んでいこう。

⑩小論文～⑮実技試験チェックシートは印刷して繰り返し使おう。

記入の例を見て、チェックシートを使っていこう。

①　□にチェック（✓）しよう。

☑筆記試験（☑専門教養　☑教職教養　☑一般教養）

②　（　　　）には、必要なことを記入しよう。

☑専門教養問題集（オープンセサミ　）☑教職教養問題集（ランナー　　　）

通勤通学で使う　☑ポケット問題集（ポケットランナー　　　　　　　　）

時間がない人　　☑30日完成（習熟）問題集（なし　　　　　　　　　　）

③　面接や模擬授業をして、面接官役の人に、評価をつけてもらおう。

　　◎、○、△、×をつけよう。

	内容	評価 1回目	評価 2回目
1　入室及び退室	入室する足は決めている	×	○
	明るく「失礼します」が言える	△	○
	目線の位置を一定に保つ	○	◎

　自分に必要なものを確認する意味もある。小論文、面接、模擬授業はチェックシートをうめていけば確実に力がつくようになっている。

①筆記試験　最初にやることチェックシート

筆記試験では受験自治体の試験内容を確認することがまず大切だ。

受験自治体【　　　　　　　　】の試験内容

〈1次試験〉
□筆記試験（□専門教養　□教職教養　□一般教養）
□小論文
□面接（口述）試験（□集団面接　□集団討論　□個人面接）
□実技試験（　　　　　　　　　　　　　　　　　　　　）
〈2次試験〉
□筆記試験（□専門教養　□教職教養　□一般教養）
□小論文
□面接（口述）試験（□集団面接　□集団討論　□個人面接）
□実技試験（　　　　　　　　　　　　　　　　　　　　）
□模擬授業

2　筆記試験の出題配点を確認する

〈1次試験〉			〈2次試験〉		
□筆記試験		配点	□筆記試験		配点
□専門教養	（	点）	□専門教養	（	点）
□教職教養	（	点）	□教職教養	（	点）
□一般教養	（	点）	□一般教養	（	点）
□小論文	（	点）	□小論文	（	点）
□その他合計	（	点）	□その他合計	（	点）

巻末　チェックシート

②最初の1週間でやることチェックシート

1　過去問3年分を見て感想を書く

教科	感想	例）選択問題が多い。問題数が多い。
専門教養	感想：	
教職教養	感想：	
一般教養	感想：	

2　専門、教職、一般等の問題集を決める

```
□専門教養問題集（　　　　　　　）
□教職教養問題集（　　　　　　　）
□一般教養問題集（　　　　　　　）
通勤通学で使う　□ポケット問題集（　　　　　　　）
時間がない人　　□30日完成（習熟）問題集（　　　　　　　　）
補完　□音声（法規など）　□苦手科目の薄めの問題集（　　　　　　　）
□その他
```

※講師や社会人は、通信や塾での学習も視野に入れる。

3　いつ・誰と・どこで勉強をやるか

いつ（　　　　）	誰と（　　　　）	どこで（　　　　）
いつ（　　　　）	誰と（　　　　）	どこで（　　　　）

145

③最初の1週間の進め方　目標・計画を立てよう

進め方　まず、右のページをコピーして日付を書く。
　　　　①勉強を必ずやる時間を「赤」、やれそうな時間を「青」で、矢印を入れる。
　　　　②「赤」と「青」の目標時間を「目標」に書く。
　　　　③勉強したらその時間を、塗りつぶしていく。
　　　　④1週間たったところで、勉強時間の合計を、「実際」のところに書く。
　　　　⑤達成度を確認して、次の週の計画を立てる。

【1週間の過ごし方　記入例】③は省略

日付 時間	10月8日 (月)	9日 (火)	10日 (水)	11日 (木)	12日 (金)	13日 (土)	14日 (日)
5:00							
6:00	↓青①	↓青①	↓青①	↓青①	↓青①	↓青①	↓青①
7:00						↓	↓赤①
8:00						赤③	↓赤①
9:00						↓	↓赤①

※表の中の①は「1時間」の意味

【合計時間と達成度　記入例】

例)	②目標	④実際	⑤達成度
勉強 時間	赤（　6　）時間 青（　7　）時間	赤（　6　）時間 青（3.5）時間	赤（100）％ 青（　50　）％

【合計時間と達成度】

	②目標	④実際	⑤達成度
勉強 時間	赤（　　）時間 青（　　）時間	赤（　　）時間 青（　　）時間	赤（　　）％ 青（　　）％

巻末　チェックシート

【1週間の過ごし方】

日付 時間	月　日 （月）	月　日 （火）	月　日 （水）	月　日 （木）	月　日 （金）	月　日 （土）	月　日 （日）
5:00							
6:00							
7:00							
8:00							
9:00							
10:00							
11:00							
12:00							
13:00							
14:00							
15:00							
16:00							
17:00							
18:00							
19:00							
20:00							
21:00							
22:00							
23:00							
0:00							
1:00							
2:00							

④年間の学習計画を立てよう

進め方　1　下の表を参考に、おおまかな計画を数ヶ月ごとに立てる。
　　　　2　筆記の問題集は6回やり終えることをめざし、振り返りながら進めていく。

書く順番　①試験内容　②最終目標　③今日までの達成状況
　　　　　④日付（○月○日）とその日までの目標

【年間の学習計画　記入例】

	書類選考	1次試験				2次試験		
	5月	7月				8月		
①試験内容	自己PR	教職教養	一般教養	専門教養	集団面接	個人面接	体育	音楽
②最終目標	10回	問題集6周	専門と一緒	問題集6周	あわせて100回		10回	10回
③10月1日今日までの達成状況	1回	50ページ	50ページ	100ページ	1回	0回	10回	10回
④12月31日	2回	問題集1周	問題集1周	問題集1周	10回	5回	2回	2回
3月31日	3回	問題集3周	問題集3周	問題集3周	30回	10回	1次試験終了後、内容がわかってから始める	
7月試験前日	10回	問題集6周	問題集6周	問題集6周	70回	30回		

巻末　チェックシート

【年間の学習計画　記入しよう】

	書類選考	1次試験					2次試験			
	月	月					月			
①試験内容										
②最終目標										
③○月○日までの達成状況										
④月　日										
月　日										
月　日										
月　日										
月　日										

⑤過去問分析チェックシート

このチェックシートは、過去問を解いたら点数を入れていこう。
過去問を解いた点数は徐々に上がっていくはず。
上がっていくように解き方を工夫しよう。

過去問をいつやるべきか。

1回目	問題集を1回解いた後
2回目	問題集を3回解いた後
3回目	問題集を6回解いた後

		1回目の点数	2回目の点数	3回目の点数
専門教養	過去1年			
	過去2年			
	過去3年			
教職教養		1回目の点数	2回目の点数	3回目の点数
	過去1年			
	過去2年			
	過去3年			
一般教養		1回目の点数	2回目の点数	3回目の点数
	過去1年			
	過去2年			
	過去3年			

⑥書類選考用紙（エントリーシート）チェックシート

力のある人（校長、教授、教採対策の講師など）に評価をしてもらおう。

（評価は◎○△×で）

	項目	評価1回目	評価2回目	評価3回目
自己PR文	全体が3段構成（序論・本論・結論）			
	書き出しは端的になっている			
	求める教師像に沿って書かれている			
	一文が短い文章になっている			
	エピソードが入っている（形式によっては入れるのが難しい場合もある）			
書類選考（願書）	☐ 募集要項を入手した			
	☐ 試験の日程を確認した			
	☐ 申し込み方法を確認した			
	☐ 選考区分を決めた			
	☐ 必要書類を入手した			
	☐ 太さの異なるペンを3種類揃えた			
	☐ 写真館で写真を撮った			
	☐ ○（丸）で囲む練習をした			
	☐ 書類選考用紙を使い面接対策をした			
	☐ 面接練習を基に、書類を書き直した			
	☐ 書き直した書類について、再度面接練習をした			
	☐ 書類のコピーを取った			
その他	☐ 具体的な数値を使う			
	☐ 箇条書きで書く			
	☐ 質問をしたくなる多様な観点から書く			

⑦試験3ヶ月前の過ごし方チェックシート

4月からの過ごし方

☐	出願書類を揃え始める
☐	写真店で、証明写真を撮る
☐	太さの違うペン3種類を用意する
☐	出願書類（エントリーシート）に記入する練習をする
☐	自己PR文を数回書いている
☐	自己PR文の添削を受け、完成する
☐	出願書類を完成し、投函する
☐	問題集3周目に入る（目標） 実際　専門（　）周　　教職（　）周　　一般（　）周
☐	模試を受ける、もしくは模擬試験の問題を解いてみる（自治体に合った内容）
☐	小論文の添削を受ける（　　　回）
☐	小論文を時間内に書ききるように練習する
☐	小論文の模擬試験を受ける、もしくは書いてみて誰かに添削を受ける （評価　　）
☐	面接での基本内容は、話せる　　例　自己PR、志望動機等
☐	面接対策をしている（目標50回） 集団面接、討論、個人面接合わせて（　　　　回）
☐	面接で時間（一言、30秒、1分など）を意識して話す練習をする
☐	採用説明会に参加し、試験内容等の情報を得る
☐	2次試験の実技対策を始めている

巻末　チェックシート

⑧試験1ヶ月前の過ごし方チェックシート

6月からの過ごし方

☐	受験票を受け取る
☐	当日持参するエントリーシートを完成させる
☐	会場までの行き方を調べる　可能であれば会場まで行く
☐	ホテルの予約をする
☐	スーツやシャツをクリーニングに出す
☐	問題集6周目に入る
☐	傾向の似ている自治体の問題に取り組む
☐	面接対策をしている（目標90回） 集団面接、討論、個人面接合わせて（　　　　回）
☐	面接では、面接官役を引き受けて対策を行う
☐	面接の入室、歩行などの所作を復習する
☐	2次試験で行われる集団討論や個人面接などの対策を始める
☐	面接で答えにくい質問について、話せるようにする
☐	面接で時間（一言、30秒、1分）を守って話す練習をする
☐	大学の教授や学校長などの面接対策を受ける
☐	小論文を時間内に書ききる
☐	試験日までの予定を立てる（対策・リラックス等）
☐	持ち物のリストアップを始め、足りないものは購入する
☐	時事問題について、ニュースや新聞で確認する
☐	感銘を受けた言葉、本など読み返す
☐	リラックスできることをする
☐	徐々に生活リズムを朝型にする

⑨試験直前の過ごし方チェックシート

試験1週間前にすること
【生活面】

☐	朝、試験日と同じ時刻に起きる
☐	リラックスして時間を過ごす
☐	人と会い、話す
☐	身近な人へ感謝を伝える
☐	試験日の最高な状態をイメージする

【対策面】

☐	筆記試験	間違えやすい箇所を確認する
☐		模擬試験をし、解く順番や解く時間配分を確定する
☐		筆記試験でパニックになった時の気持ちの切り替え方を決める
☐	面接	本番と同じ形式で面接練習をする
☐		チェックシートで確認をする
☐	小論文	原稿用紙の使い方の再確認をする
☐		制限時間内に小論文を書き上げ、チェックシートで確認する
☐	模擬授業	面接官役を子役に見立てて模擬授業をする
☐		時間内に効果的にできたかをチェックシートで確認する
☐	実技	チェックシートに合わせた最終確認をする
☐	音楽	ピアノ伴奏は、グランドピアノで模擬試験をする
☐	体育	試験の形式に合わせて通しの模擬試験をする
☐	検査	特にはやらない

試験前日にすること

□　ゆったり過ごす　　例　好きな物を食べる　音楽を聞く
□　持ち物の準備をする 　当日の持ち物リスト 　〈忘れてはいけないもの〉 　□受験票　　　　□書類選考用紙　□筆記用具 　〈必要に応じてあるとよいもの〉 　□上履き　　　　□時計　　　　□汗拭きタオル　　　　□問題集 　□面接ノート　　□ハンカチ　　□ティッシュ　　　　　□本 　□お茶や水などの飲料水 　〈その他自分の自治体で必要なもの〉 　□　　　　　　　□　　　　　　□　　　　　　　　　□
□　試験会場までの道のりを確認する
□　試験の流れをイメージする
□　気持ちを前向きにしてくれる人と話す
□　「合格する」と自分に言い聞かせる
□　鉛筆を削って備える

試験当日にすること

□　時間に余裕をもって起床する
□　今日は人生最高の1日だと言い聞かせる
□　面接を楽しんで行うと決める
□　鏡の前で笑顔の練習をする
□　朝、自分を元気にしてくれる人と話す

⑩小論文を書こうチェックシート

☐ 受験自治体の小論文試験内容・評価基準を確認する 　字数（　　　　字）時間（　　　　分）
☐ 過去問を３年分確認する
☐ 手本とする小論文を写す
☐ 集中して書ける場所を見つける（　　　　）
☐ 添削してもらう指導者（校長・教授など）を見つける（　　　　）
☐ 試験時間の割り振りを考える　試験時間（　　　　分） 　構想（　　　分）序論（　　　分）本論（　　　分） 　結論（　　　分）見直し（　　　分）
☐ 文字数の割り振りを考える　字数（　　　字） 　序論（　　　字） 　本論（具体的方策①　　　字、具体的方策②　　　字） 　結論（　　　字）
☐ 序論ワークシートを使って序論を書く（p40,41）
☐ 本論ワークシートを使って本論を書く（p45,47）
☐ 結論ワークシートを使って結論を書く（p51）
☐ 構成を考えながら書く（p49）
☐ 小論文の序論に合わせて本論を書く（本論が完成している人）
☐ 小論文の添削を受ける（　　　回）
☐ 小論文を時間内に書ききるように練習する
☐ 時間内に書ききれるようになった
☐ 小論文の模試を受ける（評価　　　　）

巻末　チェックシート

⑪面接基礎チェックシート

面接官役の人から、評価をしてもらおう。

		内容	評価1回目	評価2回目
1	入室及び退室	入室する足は決めている		
		明るく「失礼します」が言える		
		目線の位置を一定に保つ		
		腰からお辞儀ができている		
		明るく「失礼しました」が言える		
2	歩き方	堂々と歩いている		
		さっそうと歩いている		
3	座り方	背筋を伸ばして座る		
		手や肩に力を入れず、ゆったり座る		
4	表情	にこやかな表情でいられる		
		話題に合った表情でいられる		
5	目線	目線を上げたり、下げたりしない		
		面接官の目（鼻）を見る		
6	話し方	明るく話せる		
		端的に話す		
		結論→根拠（エピソード）→結論で話せるようになってきている		
7	聞き方	うなずくことができている		
		話をする相手の方を向いている		

⑫集団討論（面接）チェックシート

集団討論を行ったら、面接官役の人に評価をしてもらい、意見交換をしよう。

	内容 （評価は◎○△×で）	評価 1回目	評価 2回目
話し方	話題に合った表情をしている（笑顔 or 真剣）		
	話す時間の回数や割合を意識している		
	話の順番を意識し、全員が発言できる配慮がある		
	伝えたいキーワードが残る話し方をしている		
	言葉遣いは丁寧である		
聞き方	話をする相手の方を向いている		
	うなずきながら聞いている		
	表情を維持できている（笑顔 or 真剣）		
話し合いの中身	他の受験者の話を踏まえて話している		
	他の受験者や面接官の話を否定していない		
	他の受験者で、話し合いに参加できにくそうな人を助けようとする		
	他の受験者が話に共感している		
	次の人が話しやすい終わり方をしている		
	一度は印象的な話題やエピソードを出した		
全体	意見が途切れずに次から次に出てきた		
	話し合い終盤に多くの人が納得していた		
	課題からそれていたら、課題に戻せた		

チェックシートを使って、以下の課題で 15 〜 20 分程度の討論をしてみよう。

〈質問例〉
1　望ましい学級経営・HR 経営（北海道）
2　楽しい学校とはどのような学校か（長野県）
3　成績の優秀な児童から塾や家でも勉強できるから学校へ行きたくないと言われた。どのように対応するか（三重県）
4　4月から新しい学級の担任になった。みんな真面目で真剣に向かっているのだが、やや緊張気味で、積極的な発言が見られない。あなたならどのように指導するか（秋田県）
5　保護者から、「子どもが、親しい友だちもいなく、宿泊学習に行きたくないと言っている。日が近づくにつれ、腹痛も起こるようになってきた。子どもに辛い思いをさせ、お金をかけてまで宿泊学習に行かせたくない」という訴えがあった。保護者の訴えを認めて休ませるか、保護者を説得して行かせるか（栃木県）
6　メールやパソコン等で人と直接言葉を交わさずコミュニケーションを取れる時代だが、どのようなことに気をつけて指導するか（愛知県）
7　あなたが考える問題解決的な学習とは？　また、問題解決的な学習をどのように実践していくか。自分の経験を交えて簡潔に述べよ（川崎市）
8　道徳教育はなぜ必要なのか。また、道徳心を育むためにどのような実践があるか（兵庫県）
9　クラスで筆箱隠しがあった。どう指導するか（名古屋市）
10　学校がその目的を達成するため、地域や学校の実態等に応じ、家庭や地域の人々の協力を得るなど家庭や地域社会との連携を深めることが大切である。このことについて、全員で討議せよ（福岡県）

※質問例は、受験者の情報提供によるものを掲載している。

⑬個人面接チェックシート

1　自治体の求める人物像のキーワードを書き出す

2　個人面接をして、よかったところ、改善点を書き出していく

次の面接練習では、このチェックシートに書いた改善点を意識することで、より質の高い面接をめざすことができる。解説は本文参照。

話し方・答え方

	評価1回目	良かったところ、改善点	評価2回目
1　問いに正対している			
2　エピソードや根拠を入れる			
3　明るくはきはき話す			
4　時間感覚を身につけている			
5　謙虚さが感じられる			

話の質を高める

1	面接官が共感できる			
2	根拠が明確で、説得力がある			
3	興味深い内容			
4	明るい話、聞きたくなる話			
5	失敗談でも前向きに話す			

圧迫面接

1	面接官と敵対していない			
2	話が途切れない。沈黙しない			
3	どんな質問でも答えきる			
4	面接官の目を見られる			
5	誠実に答える			

　シートの改善点を意識して面接をすると質の高めることができる。

3　その他　面接官役の人から見て、気になったこと

⑭模擬授業練習チェックシート

模擬授業をして、以下の点を見てもらおう。

(評価は◎○△×で)

		項目	評価 1回目	評価 2回目	評価 3回目
声	1	教室全体に聞こえる			
	2	語尾がはっきりと聞こえる			
	3	明るい声になっている			
立ち姿	1	堂々としている			
	2	自然に歩けている			
	3	任せられる安心感がある			
目線	1	教室全体を見ている			
	2	一人ひとりに目を合わせている			
表情	1	にこやかな表情でいられる			
	2	あたたかい雰囲気を出している			
授業行為	1	板書の字は丁寧で見やすい			
	2	机間指導をして、子どもの意見を拾い上げている			
	3	発問、指示がある			
授業の流れ	1	導入で、子どもの興味をひく			
	2	子どもが思考できる発問がある			
	3	子どもに書かせるなどの作業場面がある			
	4	子どもの考えを板書する場面がある			
	5	子ども同士で話し合える場面がある			
	6	子どもの意見を聞き、まとめている			

問題例

- Q （小学）1年生の担任になりました。初めての学級開きに何を話しますか

- Q 物を隠されて、いじめにあったと泣きながら入ってきた児童に対応してください

- Q 5時間目に伏せ寝しているA男君に対応しなさい

- Q 保護者から「うちの子が英語の授業についていけないようだ」と相談されました。どうしますか

- Q 明日から給食当番が始まります。どのような指導をしますか

- Q 「夏休み前の最後のホームルーム」というテーマで、1分間でスピーチしてください

- Q あなたは中学校2年生の担任です。最近あなたの学級では、シャツ出しや上靴のかかと踏みなど服装の乱れが目立つようになりました。このような状況の時、朝の会で担任として学級全体に指導してください

- Q （小学校1年生）担任として最初の担任の挨拶を保護者と子どもにして下さい

⑮実技試験チェックシート

〈体育〉

練習計画

☐	自分の自治体の試験内容と配点を知る
☐	試験までの練習計画を立てる
☐	苦手と得意を把握し、苦手なものを中心に練習するようにする
☐	学習指導要領や本で、競技のポイントを調べる
☐	競技の技の教え方のポイントを知っている

練習

☐	準備体操を丁寧に行う
☐	始め方と終わり方を意識する
☐	その競技の技能が身につく
☐	苦手な競技を、教わる、または調べる
☐	録画をして技の完成度を見る、または誰かに見てもらう
☐	納得できるまで練習する
☐	どの競技の技も、全力で行う
☐	技を通して身につけたい力を説明できる
☐	整理体操を丁寧に行う

うまくいかなかった時の対応

☐	技が失敗した時、笑顔で「もう一度やらせてください」と言える
☐	技がうまくいかなくても動揺しないでいられる
☐	3回失敗をしたら、「ありがとうございます」(回数は規定による)と言って明るく終われる

〈音楽〉 ピアノ伴奏

☐	楽譜を見て「ド・レ・ミ……」と音がわかる
☐	片手ずつ練習する。　☐左　☐右　←練習できたら、✓を入れる
☐	部分ごとに練習をする
☐	演奏を録音して聞く
☐	録音を聞き、できていないところ、苦手なところを練習する
☐	楽譜通りに演奏できる
☐	強弱等の表現を付けて演奏できる
☐	楽譜を見ないで演奏できる

リコーダー奏

☐	楽譜を見て「ド・レ・ミ……」と音がわかる
☐	正しい運指がわかる
☐	タンギングに気を付けて演奏できる
☐	録音して自分で聞き、出来ていないところ、苦手なところを練習する
☐	曲本来のテンポで楽譜通りに演奏できる
☐	強弱やスラー等の表現をつけて演奏できる
☐	楽譜を見ないで演奏できる

歌

☐	姿勢よく歌える
☐	大きく息を吸える（腹式呼吸ができる）
☐	はじめから終わりまで歌える
☐	強弱や息継ぎを意識して歌える
☐	歌を録音して聞き、苦手な部分を練習する
☐	楽譜を見ないで気持ちを込めて歌える

◎監修者紹介

岸上 隆文（きしがみ たかふみ）

TOSS採用試験全国事務局長、NPO法人長野教師力NET理事。長野県小学校教諭。信州大学在学中から教員採用試験対策を行い、全国各地で開かれている面接試験対策講座に講師として参加。受講者の合格率が非常に高いと人気を集める。今までに難関の長野県をはじめ、全国各地で合格者を輩出。現在は、長野県で参加者の合格率が80％以上を誇る「教採突破塾」を月1回開催し、県内外から数多くの参加者を得ている。主な著書に『合格率80％以上のカリスマ講師が教える！ 教員採用試験 面接試験攻略法』（土屋書店）がある。

三浦 一心（みうら かずし）

TOSS採用試験全国事務局副事務局長。愛知県小学校教員。愛知県教育サークル「葵」代表として、岡崎市を中心に面接対策に講師として参加。受講者の合格率が非常に高いと人気を集める。特に書類選考、小論文の対策はA評価論文などの資料とともに愛知県内外で多くの見本として取り上げられている。面接対策に関しても、鋭い観点と多角的な視点で受講者一人ひとりへ適切な修正案を示し、合格へ導いている。

◎著者一覧　TOSS採用試験全国事務局

岸上隆文　三浦一心　溝口佳成　中村晋也
白井邦智　師岡優太　水本和希　富樫　栞
太田賢治　山下恒平　林田花蓮

◎STAFF

本文イラスト　西川弥恵
表紙イラスト　岸上水月

教員採用試験パーフェクトガイド
「合格への道」

2015年10月23日　初版発行
2016年１月20日　第２版発行
2016年６月25日　第３版発行
2017年６月20日　第４版発行

監　　修　　岸上隆文・三浦一心
発行者　　小島直人

発行所　　株式会社 学芸みらい社
〒162-0833 東京都新宿区箪笥町31番 箪笥町SKビル3F
電話番号 03-5227-1266
http://www.gakugeimirai.jp/
E-mail : info@gakugeimirai.jp
印刷所・製本所　　藤原印刷株式会社
ブックデザイン　　荒木香樹

落丁・乱丁本は弊社宛お送りください。送料弊社負担でお取り替えいたします。

© Takafumi Kishigami, Kazushi Miura 2015　Printed in Japan
ISBN978-4-905374-90-9 C2000

GAKUGEI MIRAISHA

学芸みらい社
学芸を未来に伝える
GAKUGEI MIRAISHA

授業の新法則化シリーズ（全リスト）

書名	ISBNコード	本体価格	税込価格
「国語」 〜基礎基本編〜	978-4-905374-47-3 C3037	1,600 円	1,728 円
「国語」 〜1年生編〜	978-4-905374-48-0 C3037	1,600 円	1,728 円
「国語」 〜2年生編〜	978-4-905374-49-7 C3037	1,600 円	1,728 円
「国語」 〜3年生編〜	978-4-905374-50-3 C3037	1,600 円	1,728 円
「国語」 〜4年生編〜	978-4-905374-51-0 C3037	1,600 円	1,728 円
「国語」 〜5年生編〜	978-4-905374-52-7 C3037	1,600 円	1,728 円
「国語」 〜6年生編〜	978-4-905374-53-4 C3037	1,600 円	1,728 円
「算数」 〜1年生編〜	978-4-905374-54-1 C3037	1,600 円	1,728 円
「算数」 〜2年生編〜	978-4-905374-55-8 C3037	1,600 円	1,728 円
「算数」 〜3年生編〜	978-4-905374-56-5 C3037	1,600 円	1,728 円
「算数」 〜4年生編〜	978-4-905374-57-2 C3037	1,600 円	1,728 円
「算数」 〜5年生編〜	978-4-905374-58-9 C3037	1,600 円	1,728 円
「算数」 〜6年生編〜	978-4-905374-59-6 C3037	1,600 円	1,728 円
「理科」 〜3・4年生編〜	978-4-905374-64-0 C3037	2,200 円	2,376 円
「理科」 〜5年生編〜	978-4-905374-65-7 C3037	2,200 円	2,376 円
「理科」 〜6年生編〜	978-4-905374-66-4 C3037	2,200 円	2,376 円
「社会」 〜3・4年生編〜	978-4-905374-68-8 C3037	1,600 円	1,728 円
「社会」 〜5年生編〜	978-4-905374-69-5 C3037	1,600 円	1,728 円
「社会」 〜6年生編〜	978-4-905374-70-1 C3037	1,600 円	1,728 円
「図画美術」 〜基礎基本編〜	978-4-905374-60-2 C3037	2,200 円	2,376 円
「図画美術」 〜題材編〜	978-4-905374-61-9 C3037	2,200 円	2,376 円
「体育」 〜基礎基本編〜	978-4-905374-71-8 C3037	1,600 円	1,728 円
「体育」 〜低学年編〜	978-4-905374-72-5 C3037	1,600 円	1,728 円
「体育」 〜中学年編〜	978-4-905374-73-2 C3037	1,600 円	1,728 円
「体育」 〜高学年編〜	978-4-905374-74-9 C3037	1,600 円	1,728 円
「音楽」	978-4-905374-67-1 C3037	1,600 円	1,728 円
「道徳」	978-4-905374-62-6 C3037	1,600 円	1,728 円
「外国語活動」（英語）	978-4-905374-63-3 C3037	2,500 円	2,700 円